FELIZ PORQUE QUIERO

*¿Cómo lograr la felicidad que siempre
estás persiguiendo, la felicidad que te
mereces y la puedes tener aquí y ahora?*

RICO ITUARTE

BALBOA.
PRESS

A DIVISION OF HAY HOUSE

Puede hacer pedidos de libros de Balboa Press en
librerías o poniéndose en contacto con:

Balboa Press
Una División de Hay House
1663 Liberty Drive
Bloomington, IN 47403
www.balboapress.com
1 (877) 407-4847

Debido a la naturaleza dinámica de Internet, cualquier dirección web o
enlace contenido en este libro puede haber cambiado desde su publicación
y puede que ya no sea válido. Las opiniones expresadas en esta obra son
exclusivamente del autor y no reflejan necesariamente las opiniones del editor
quien, por este medio, renuncia a cualquier responsabilidad sobre ellas.

El autor de este libro no ofrece consejos de medicina ni prescribe el uso de técnicas
como forma de tratamiento para el bienestar físico, emocional, o para aliviar
problemas médicas sin el consejo de un médico, directamente o indirectamente.
El intento del autor es solamente para ofrecer información de una manera
general para ayudarle en la búsqueda de un bienestar emocional y spiritual. En
caso de usar esta información en este libro, que es su derecho constitucional, el
autor y el publicador no asumen ninguna responsabilidad por sus acciones.

Las personas que aparecen en las imágenes de archivo
proporcionadas por Thinkstock son modelos. Este tipo de
imágenes se utilizan únicamente con fines ilustrativos.
Ciertas imágenes de archivo © Thinkstock.

Información sobre impresión disponible en la última página.

ISBN: 978-1-5043-8164-2 (tapa blanda)
ISBN: 978-1-5043-8169-7 (libro electrónico)

Numero de la Libreria del Congreso: 2017908417

Fecha de revisión de Balboa Press: 06/09/2017

Índice

Agradecimientos

Primeramente quiero agradecer a la FUERZA creadora del Universo que me inspiro diciéndome que dejara a un lado los otros libros que tenía en mente para escribir. Que mejor escribiera este libro acerca de la felicidad, la FUERZA creadora, consideraba más importante que el mensaje de ser felices tenia prioridad para la humanidad. La felicidad que esa FUERZA creadora había puesto en cada uno de nosotros, la habíamos olvidado y que a través de mi entregaría el mensaje de que nuestra felicidad siempre ha estado dentro de nosotros.

Después quiero agradecer a mi madre Bertha Aurora Baca que con su manera de ser me enseño que siempre tenemos la opción de ser felices sin importar lo que nos este pasando y ella vivía esa filosofía y con su vivir alegre me enseño a ser feliz a mí también.

También agradezco a mi hija Azulinda Ituarte y a mi hijo Federico José Ituarte que han sido fuente de felicidad en mi vida desde el día en que nacieron.

Agradezco inmensamente a mi pareja que siempre me apoya y que durante el último año antes de publicar mi libro me estuvo motivando y apresurando a cumplir con los tiempos acordados de entrega y por insistir en que cumpliera con mi sueño y mi palabra con ella.

También agradezco infinitamente a Lupita Alcalá mi editora y a la ayuda que recibió de Genoveva Guerrero, ambas cooperando con su pureza lingüística.

Y también a todos mis maestros espirituales que de alguna manera cooperaron a que yo tuviera la inspiración para escribir este libro.

CAPÍTULO 1

¿Por qué yo?

¿Quién soy yo para escribir este libro? ¿Qué autoridad puedo decir que tengo para que entiendas lo que voy a decir en esta obra? La respuesta es que soy un ser humano igual que tú, inteligente y capaz. La credibilidad que tengo es el hecho de que he logrado desde hace muchos años y hasta el día de hoy el ser feliz sin importar qué suceda a mi alrededor o en cualquier momento de mi vida.

Antes que nada, te doy las gracias por decidir leer este libro, quizá tomaste el riesgo por pura curiosidad, ya sea que te llamó la atención el título *Ser Feliz Porque Quiero* o porque en realidad quieres saber cómo se puede ser feliz o más feliz de lo que eres ahora.

> *"La felicidad no es algo que hay que posponer para el futuro, es algo que hay que diseñar para el presente."*
> *Jim Rohn 1930-2009 escritor y conferencista.*

Quiero decirte algo, te reto, te reto a que no creas nada de lo que digo, simplemente aplica los ejercicios que aquí comparto y solo si logras ser un poco más feliz de lo que eres, entonces adopta, aplica y usa estos principios todos los días.

Desde que yo era un niño me di cuenta de que todos los seres humanos están en busca de la felicidad de alguna manera. Pensamos que cuando tengamos una casa hermosa o una más grande vamos a ser felices; cuando tengamos el coche de nuestros sueños, el día en que encontremos la pareja perfecta o cuando por fin tengamos bebés con esa esposa o esposo ideal, cuando tengamos suficiente dinero, entonces, seguramente entonces, seremos felices. Así que siempre estamos posponiendo la felicidad pensando que las cosas o las relaciones nos harán felices. Desafortunadamente ese día aparentemente nunca llega, y mientras tanto, estamos desperdiciando nuestra vida buscando esa felicidad efímera inalcanzable aparentemente.

Voy a contarte una de mis experiencias referente al sentido de la felicidad, esto sucedió cuando era pequeño. Nací en un hogar católico y mis padres que eran buenos católicos, me llevaban a la iglesia todos los domingos a misa.

Recuerdo que cada vez que me llevaban a la homilía, en la iglesia, por alguna razón y después de unos minutos, yo solía desmayarme en medio de la misa y mi padre tenía que sacarme de la iglesia. Me llevaron con varios médicos y ellos no encontraron ninguna razón por la cual yo padecía de esos desmayos. Algunos médicos dijeron que yo tenía un problema cardíaco (hoy día tengo 67 años de edad mientras escribo estas palabras y pronto cumpliré los 68, así que no creo que haya sido algún problema cardíaco grave). Otros doctores dijeron que, a lo mejor por la cantidad de gente en el edificio de la iglesia, el oxígeno era escaso y que yo no alcanzaba a oxigenarme lo suficiente. Y como siempre, no podían faltar aquellos que sólo suponían y decían que lo que pasaba es que yo no quería ir a la iglesia.

> *"Todos anhelamos el cielo donde está Dios, pero tenemos en*
> *nuestra mano el estar en el cielo con Él en este mismo instante.*
>
> *Ser feliz con Él ahora significa: amar como Él ama,*
> *ayudar como Él ayuda, dar como Él da, servir como*
> *Él sirve, rescatar como Él rescata, estar con Él las*
> *veinticuatro horas, tocarlo en su angustioso disfraz."*
>
> MADRE TERESA

Ahora sé por qué me pasaba eso y te lo voy a decir. Como un niño pequeño me quedé bastante impresionado con las esculturas en el interior de la iglesia, sobre todo, con las de Jesús bañado en sangre y con una expresión de sufrimiento más allá de mi capacidad de entender como niño, las heridas abiertas en su pecho y sus manos y pies penetradas con esos clavos tan grandes y oxidados llenos de sangre que salían del cuerpo de Jesús. Esa impresión tan fuerte en mí era lo que hacía que me desmayara.

No podía soportar ese dolor y sufrimiento, no sólo de Jesús, sino de cualquier ser viviente, insectos que se morían aplastados, perros o gatos siendo golpeados y castigados por lo que sus propietarios percibían como mala conducta, cualquier dolor infringido no era aceptado por mi subconsciente. Así que, desde el comienzo de mi vida me di cuenta que había dolor y placer.

Debido a mi educación como católico también aprendí que había un Paraíso, donde Dios había puesto a Adán y Eva para estar eternamente felices y alegres. Un día empecé a preguntarme siendo muy joven, ¿Cómo es que no tenemos esa felicidad y alegría de la que se habla? ¿Qué pasó con el paraíso en que se supone que nacimos?

Más tarde, en la adolescencia, cuando estaban de moda los radios de banda civil (CB) compré mi propio radio y los usuarios teníamos que usar un nombre para identificarnos en el aire. Por alguna razón mi mente subconsciente a los 16 años me dijo de pronto, "tu nombre de usuario para el radio CB es FELIZ." Algo dentro de mí desde muy joven me decía que yo quería, deseaba, podía, tenía que ser o ya tenía dentro de mí la posibilidad de ser feliz. Años después, recuerdo un viaje que hice al sur de México cuando Cancún estaba en las primeras etapas de ser desarrollado, yo tendría unos veinte siete años de edad y viajaba con unos amigos, en esas fechas mi hija tenía sólo dos años de edad. Los participantes de ese viaje estábamos usando radios de banda civil para la comunicación entre los tres automóviles que efectuaban el viaje y otra vez me acordé de usar mi viejo nombre de usuario: "feliz", el viaje fue genial y recuerdo haber sido el centro de la felicidad y la alegría entre todos los participantes en ese viaje.

El nombre de mi hija es Azulinda y la palabra gasolina suena muy similar. Recuerdo que mi hija quería utilizar el radio y se comunicaba con mis amigos, entonces ellos le preguntaron que cuál era su nombre de usuario y por alguna razón se le quedó gasolina, ya que en el momento en que preguntaron su nombre uno de los autos necesitaba gasolina y mencionó en el radio que necesitaba el combustible. Todos nos la pasamos muy bien y reímos durante todo el viaje.

Así que, ¿Por qué estoy calificado para escribir sobre la felicidad? Desde mi infancia practiqué el ser feliz sin motivo. He leído libros acerca del poder de decisión, he asistido a seminarios de superación personal, he estudiado Programación Neurolingüística (PNL, una ciencia de la mente subconsciente), y lo mejor y más importante es que he aplicado y aplico todos los días los conceptos aprendidos, por eso, me atrevo a invitarte y decirte que sí funcionan y que sí se puede lograr ser feliz nomás porque quieres. Es decir que debido a la práctica de estos principios que voy a compartir en los siguientes capítulos, he sido capaz de crear felicidad momento a momento, incluso, en los momentos más difíciles de mi vida.

Hoy a mis 67 años de camino por esta hermosa vida he leído innumerable cantidad de libros de diferentes autores y distintos temas, algunos de ellos relacionados con el tema de la felicidad. Uno de los conceptos que más practico es vivir en el Ahora, como Eckhart Tolle enseña en su libro "El Poder del Ahora." A continuación, te doy un ejemplo de cómo se puede ser feliz a pesar de una situación dolorosa. Hace unos 6 años empecé a sentir dolor físico las 24 horas del día en un tobillo; debido a una vieja fractura de tobillo por la que además tuve que padecer cuatro cirugías, la primera cuando me fracture, luego una de ellas en junio del 2011 otra en febrero del 2013 y finalmente la cuarta en 2014 en la que me pusieron un tobillo metálico, en ese año comencé a escribir este capítulo.

> *"Tendemos a olvidar que la felicidad no viene como resultado de obtener algo que no tenemos, sino de reconocer y apreciar lo que tenemos."*
>
> *Frederick Keonig*

Recuerdo que sentía mucho dolor, en la escala del cero a diez, el nivel del dolor en mi tobillo era de 8 a 9. (Nota: a partir de agosto del 2014 y debido a mi cuarta cirugía en la que me hicieron un reemplazo de tobillo finalmente el dolor ha disminuido en gran cantidad).

En esta época en la que el dolor era constante en mi tobillo me preguntaba si debía dejar que este dolor fuera más fuerte que mi decisión de ser feliz y de permitir que arruinara mis días y mis noches. Mi respuesta era, no, de ninguna manera, no debe haber nada que pueda hacerme infeliz. ¿Quieres saber por qué mí querido lector? Pues porque elegí ser feliz ante la situación. Después de esa práctica diaria descubrí que la felicidad es una decisión.

A continuación, te muestro unas fotos de las cirugías que me hicieron; en junio del 2011 y en febrero del 2013. Tal vez estas imágenes expresen mejor el dolor que tuve por más de dos años. Y me complace decirte que aquel dolor no pudo cambiar mi decisión de ser feliz cada día. Puedes ver siete barras de metal, tres en la parte posterior del pie y dos en cada anillo alrededor de la pierna, un total de siete barras de metal, cruzando la pierna de lado a lado y a través de los huesos. Los médicos tuvieron que perforar literalmente los huesos de la pierna para poner las varillas.

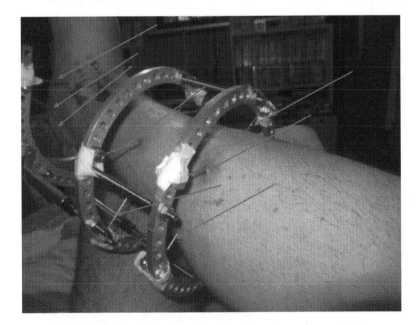

Ahora bien, en la siguiente fotografía verás una imagen de la segunda cirugía en la que tenía sólo tres barras que cruzaban la pierna a través de los huesos, sin embargo, a pesar de que sólo eran tres, estas barras eran más grandes, más anchas y más dolorosas que las de la primera cirugía. Aquí te las muestro con las flechas rojas.

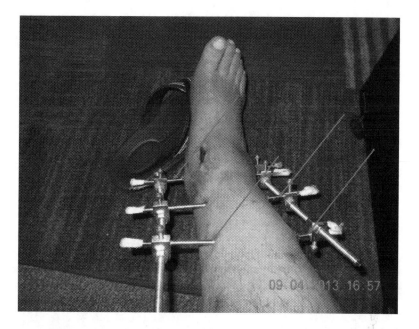

Las cirugías se realizaron debido a la pérdida de cartílago entre el primer hueso del pie y el hueso de la pierna, cada paso que daba era muy doloroso porque los huesos se tocaban entre sí por la destrucción del cartílago. Esta lesión la sufrí en 1998 tras un accidente en motocicleta: yo traté de subir una colina sin tener la experiencia y práctica en motocross. Me caí a media colina, en ese momento no me pasó nada, sin embargo, cuando intenté levantar la moto y darle la vuelta para bajar, mi pie izquierdo resbaló en el suelo y la moto cayó sobre mi tobillo derecho rompiendo los huesos de la tibia y el peroné. Durante la cirugía, en la que los médicos unían mis huesos con siete tornillos y una placa de metal, me advirtieron que con el tiempo sería un candidato para desarrollar artrosis en la articulación y la artrosis destruiría mi cartílago. ¿Adivina qué? Esos médicos estaban sembrando ese pensamiento en mi mente subconsciente y yo de alguna manera terminé creando esa misma condición. Esa es la historia de como sucedió y como a pesar del dolor físico constante, yo elijo felicidad. Este es un ejemplo de lo que practico sobre la elección de la felicidad. Sin embargo, hay otros tipos de dolor, como el emocional, y ese, es el que la mayoría de las personas piensan que es el más difícil de superar.

Es posible que no creas que el dolor emocional pueda ser modificado por elección. Estoy de acuerdo contigo, hay momentos muy difíciles en la vida en los que parece que no es posible ser feliz.

Voy a contarte una historia que usualmente menciono cuando la gente me dice que hay situaciones en las que no se es capaz de elegir ser feliz. Esta historia se refiere a uno de los momentos que cualquier ser humano va a enfrentar algún día en esta vida: la muerte de un ser querido. Para muchas personas este momento suele ser insuperable y muy doloroso. Sin embargo, la mayoría de nosotros, con el tiempo, podemos dejar atrás ese dolor.

Esta es mi historia: Mi madre, a la que yo amaba enormemente, murió en un hospital, en mis brazos, y tengo que reconocer que en ese momento yo sentía un dolor muy grande; pero era un dolor que no es físico sino del alma. Poco después que ella falleciera llamé a mi hermano y hermana para decirles lo que había sucedido; la reacción de cada uno de nosotros fue diferente, respondimos de diferente manera.

El evento fue que mi madre falleció, la percepción que tuve respecto a lo que sentía mi hermana fue algo como lo que describo a continuación: "fue mejor para ella, era su tiempo". Mi hermano menor ni siquiera vino al hospital y no sé cuáles fueron sus sentimientos en ese momento, probablemente era el más adolorido porque no se presentó, no tengo idea de su reacción o lo que sentía. Creo que probablemente ella se preocupaba más por mi hermano que por los otros dos. Después que mi hermana llegó, el doctor entró en la habitación y preguntó que quien se iba a encargar de los arreglos del funeral, como yo era el hijo mayor me ofrecí para la tarea. Inmediatamente me fui de la habitación y comencé a hacer llamadas telefónicas a las funerarias y a negociar precios de los servicios y el ataúd, tenía que hacerme cargo del papeleo legal que se debe hacer en estos casos. Y, ¿qué crees? Sucedió algo, sin darme cuenta salí de mi dolor. Comencé con el cuidado de los detalles y todos los arreglos legales necesarios, dando órdenes y estando al frente de los asuntos que tenían que ser tratados: el periódico, la comunicación a los miembros de la familia, la contratación de personas para el funeral y todas las cosas que necesitaban ser atendidas, dando órdenes y tomando decisiones aquí y allá. En ese momento, mientras yo estaba en el teléfono, me di cuenta de que ya no sentía dolor de ningún tipo, ni físico, ni en mi alma.

Me di cuenta que cuando yo estaba presente y en el momento no sentía dolor. Yo me encontraba en la negociación de un funeral, eso necesitaba toda mi atención. Me di cuenta de que tan pronto como regresaba al pasado y recordaba el momento en que mi mamá había muerto, el dolor regresaba al instante. En los meses siguientes recordaba el momento de su muerte y lloraba mezclando mis lágrimas con el agua mientras me bañaba. Luchaba conmigo mismo en esos momentos en los que nadie podía verme llorar. Lloraba como un niño desesperado y sin poder controlarme. Tiempo después me di cuenta que el dolor estaba presente cuando yo pensaba en el pasado y me di cuenta que cambiando el enfoque al presente desaparecía el dolor.

De esta manera, el dolor y el sufrimiento se encuentran ligados al pasado o al futuro, pero nunca en el momento presente. Cualquier dolor que ocurre **Ahora** va al pasado de inmediato, en el próximo segundo ya está atrás. Recuerdo haber leído el libro de Eckhart Tolle, "El Poder del Ahora", y algo hizo clic y me dije: "Eckhart tiene razón", al yo estar en la negociación del funeral de mi mamá estaba viviendo en el Ahora y no tenía dolor. Tan pronto como terminé la negociación y volví a la habitación donde mi madre estaba tendida, recordé el momento de su muerte y tan pronto como lo hice el dolor regresó. Ella acababa de morir, sin embargo, yo había olvidado el dolor por estar en el **Ahora** de las negociaciones con la funeraria.

Esta práctica la realizo hasta hoy día en cualquier situación por más dolorosa o difícil que ésta sea. Mi recomendación para ti, amigo lector, es que te enfoques en el ahora y tomes la decisión de ser feliz. Al fin y al cabo, el pasado, pasado es, y no vale la pena gastar las energías en algo que no existe más. Mejor enfócate en hoy, que es lo único real que existe y sé feliz, así, nomás porque quieres.

Yo estudié Programación Neurolingüística (PNL) y como había comentado, es una ciencia que estudia el funcionamiento de la mente subconsciente. Recordé una frase que dice: "Para la mente subconsciente lo mismo es pensar que hacer". "El vivir un evento hoy o pensar en un evento que ya ha ocurrido es exactamente lo mismo".

De tal manera que decidí ver el lado positivo del evento y me ayudó una técnica llamada "Reframing", que consiste en ver el evento (cualquiera que sea) de manera positiva; y elegí ser feliz. Yo estaba feliz por ella, yo ya no tenía que sufrir y ella tampoco. El mismo evento se puede ver desde diferentes perspectivas y producir diversos sentimientos y emociones, se trata de cómo elijo sentirme después de cualquier evento en mi vida. ¿Crees que era fácil sentirme feliz? Bueno, al principio no, sin embargo, poco a poco me fue más y más fácil cambiar de la tristeza a la felicidad en un periodo de unos 15 minutos.

Siempre había creído que podíamos elegir sentir felicidad en cualquier momento, y ese fue el tiempo justo de probar mi teoría... y lo hice. Me sentí feliz a pesar de que mi madre había fallecido. Pensé en todos los resultados positivos debido a su muerte, me di cuenta de que ella ya no sufriría, me di cuenta de que ella no tendría que vivir sin la posibilidad de no hablar por el hecho de que el médico le había extirpado las cuerdas vocales, ya que estaban invadidas de cáncer. Ella siempre había querido hablar en público de sus experiencias y ya no iba a ser capaz de hacerlo como una persona normal. Así que seguí en busca de todos los posibles resultados positivos después de su muerte y todos esos pensamientos positivos ayudaron a transformar mi dolor en felicidad, no sólo para mí, sino también para ella.

He visto que la mayoría de las personas viven en el pasado o en el futuro y se preocupan por lo que ya pasó o podría suceder, lo cual no les deja decidir ser felices. Y se lamentan o están molestas por las cosas que sucedieron (eventos que no pueden cambiar) y se mantienen reviviendo esos acontecimientos, eso es lo que no les permite ser felices en el Ahora.

¿Cómo te gustaría vivir, feliz o infeliz? ¿Estar preocupado por las cosas futuras que aún no han sucedido todavía? ¿Estar recordando malos momentos y cosas desagradables de tu pasado, remordimientos o cosas que alguien te hizo? Todas esas situaciones que ya no puedes cambiar.

Probablemente hay algunas cosas que sucedieron y que dejaron una marca en tu vida. Esa marca es recordada por tu ego, que es incapaz de perdonar. El ego siempre culpa a los demás por lo que pasó, el ego siempre quiere verse como una víctima en los eventos del pasado, la única manera de eliminar el dolor del pasado es perdonar. El perdón no es para la otra persona involucrada en el caso. El perdón funciona porque libera tu mente y tu subconsciente y ayuda a dejar de reavivar el evento. Si esas personas ya no están vivas, te sugiero escribir una carta diciéndoles que los perdonas y en ese momento se te quitará un peso de encima. Luego de perdonar coloca la carta en un sobre y quémala, observa cómo el humo se va en busca de ésa o esas personas involucradas en tu perdón. Recuerda que el perdón no es para ellos, lo estás haciendo para ti, por tu propio beneficio.

Algunas personas me han comentado que sufren por algo que alguien les hizo. Y este es un ejemplo de ello: una amiga estaba muy molesta porque su pareja la había engañado con una mujer más joven. Mi amiga era infeliz y había sufrido por años al recordar lo que le habían hecho. Sin embargo, un día le pregunté si ella sabía cómo estaba su ex pareja y ella me dijo: "él está muy feliz con esa mujer con la que viaja por todo el mundo disfrutando de la vida ".

Yo le respondí a mi amiga: "ves, él es feliz porque se olvidó de ti y está viviendo el presente, *el Ahora*; tú, por el contrario, estás viviendo y reviviendo el pasado y estás sufriendo y siendo infeliz. Él ni siquiera sabe ni le importa que estés sufriendo". Le pregunté entonces: "¿Crees que tiene sentido vivir en el pasado y sufrir? Él vive en el presente y goza con su nueva pareja a cada momento. El que no lo perdones en verdad no le afecta para nada, sólo te afecta a ti. Deja de estar enojada con él y perdona, empieza a vivir en el momento presente. Se llama presente porque es un regalo de la vida y en este caso no lo estás aceptando al estar viviendo en el pasado, sufriendo porque quieres". Le hice otra pregunta: "¿Realmente crees que al estar sufriendo y enojada con él; él va a estar infeliz, crees que él sufrirá?" Ella respondió: "no, a él no le afecta en lo más mínimo". Ella sabía que él estaba feliz y el sufrimiento de ella no le afectaba en absoluto. A partir de ese día ella decidió que lo perdonaría y comenzó a vivir en el ahora.

Entonces la fórmula para ser feliz es tomar la decisión consciente de ser feliz *ahora* y disfrutar de cada momento de la vida, ya que realmente es el único momento que en verdad tenemos, no hay mañana y tampoco podemos vivir en el ayer.

De acuerdo con los nuevos descubrimientos de la ciencia en Programación Neurolingüística, para la mente subconsciente lo mismo es pensar que hacer, es como estar viviendo el mismo evento cada vez que lo piensas. Entonces cada vez que traemos a nuestra mente los recuerdos es como si volviéramos a vivir el mismo evento. Tal momento ocurrió una vez, sin embargo, estamos viviéndolo tantas veces como nos acordemos de él.

Te sugiero que vivas cada momento con alegría e intensidad, sé agradecido por lo que tienes en este momento: tu energía, tu sonrisa, tus ojos, tus brazos y piernas, el corazón, el estómago, el pelo o la falta de él (como yo que estoy casi calvo). Disfruta que puedes sudar por el calor del día, disfruta que puedes sentir frío o lo mojado de la lluvia, disfruta que puedes comer algo, incluso si es sólo apio, disfruta y sé agradecido de que puedes respirar; hoy mucha gente dejó de hacerlo.

En cada momento de nuestras vidas tenemos la opción de decidir cómo queremos sentirnos. Yo te pregunto, ¿cómo te quieres sentir hoy? Es tu decisión, es tu opción. Tal vez puedes decir: "es que ser feliz es difícil". Y pensando en que podrías decir algo así, te comparto estas frases de Programación Neurolingüística: "Si dices que es fácil es fácil, si dices que es difícil, es difícil; es tan fácil o tan difícil como tú quieres que sea", básicamente es tu decisión si es fácil o es difícil.

La decisión de ser feliz es tan fácil como levantarse de una silla o levantar el brazo. ¿Puedes levantar el brazo? Si puedes hacerlo entonces también puedes elegir ser feliz constantemente y conscientemente. Es tu decisión. ¿Te cepillas los dientes todos los días? Si es así también puedes crear el hábito de ser feliz, así como creaste el hábito de cepillarte los dientes. Hacer algo de manera consistente y repetidamente es la forma de crear un hábito, sólo tienes que escoger el habito de ser feliz. Al principio será un esfuerzo consciente, sin embargo, pronto será más fácil y después será automático.

Te repito, la única manera de ser feliz es el tomar la decisión consciente y vivir en el Ahora. Hay muchos estudios científicos que dicen que el tiempo no existe; se dice que es una ilusión. Considera este ejercicio práctico que demuestra que el tiempo es un concepto creado por conveniencia. Piensa en la costa *este* de los Estados Unidos, por ejemplo Florida o Washington, y digamos que un evento está sucediendo allí a las 11:00 de la mañana. El evento es tan importante, que la gente en la costa *oeste*, de California, está muy interesada en dicho evento el cual va a ser televisado. Saben que el acontecimiento será transmitido a las 11:00 a.m., hora del *este*, por lo que tienen que calcular en qué momento lo podrán ver las personas en California, ya que hablamos de horario del pacífico. Como hay una diferencia de tres horas, la gente en California estará viendo sus televisores a las 8:00 a.m. Sin embargo, el evento está sucediendo al mismo tiempo en ambos lugares. El evento no está sucediendo en dos momentos diferentes, en dos lugares diferentes, es un evento sucediendo en un solo momento en dos tiempos marcados de manera diferente creados por la sociedad.

Suponiendo que puedas tomar un cohete a la estación espacial y que estuvieras observando a las personas que están viendo ese evento por televisión, tú, desde el espacio, verás a la gente en la costa *oeste* observando el evento en la televisión y verás a la gente en la costa *este* viendo el mismo evento al mismo tiempo, sólo en diferente horario.

Además, piensa en esta pregunta con cuidado antes de contestar: ¿Se puede hacer algo en este preciso momento y eso que hagas puede cambiar tu ayer? ¿O quizá puedes hacer algo en este preciso momento, como ver el programa de televisión de las noticias que van a pasar mañana? ¡No! no se puede, sólo puedes hacer las cosas ahora, sólo ahora, no en el pasado, tampoco en el futuro, el pasado y el futuro no existen. Pasado y futuro son sólo conceptos que no existen, no se puede hacer nada antes o después, sólo se puede hacer o vivir hoy. No se puede cambiar lo que has hecho en el pasado y no se puede hacer ahora lo que vas a hacer algún día en el futuro, porque cuando hagas eso, no va a ser el futuro, será el Ahora de ese momento.

Por lo tanto, si no se puede hacer nada en el pasado o en el futuro y sólo se pueden hacer las cosas hoy, te hago la siguiente pregunta: ¿puedes tomar la decisión de ser feliz **Ahora**?

"A la felicidad no se puede llegar, no puede ser poseída, ganada, usada o consumida. La felicidad es la experiencia espiritual de vivir cada minuto con amor y gratitud." Denis Waitley

Te invito a empezar a vivir hoy, y saber que es posible lograr vivir en el presente. Cuando domines el vivir en el ahora sentirás alegría y felicidad todo el tiempo. El vivir de esta manera y con este concepto es una elección.

"La calidad de tus decisiones y tus acciones, determinará la calidad de tu vida"

Escoge sabiamente.

CAPÍTULO 2

Causa-Efecto

Comencé a escribir este libro preguntándome qué es algo que toda la gente quiere y busca; entonces llegué a la conclusión de que todos queremos ser felices, tal vez hay algunos que no quieren ser felices porque en cierto modo su sufrimiento les da felicidad o también porque han sido programados para que no crean en la posibilidad de ser felices. Ellos no se dan cuenta que es sólo un programa y que los programas se pueden cambiar si así lo desean.

Sin embargo, creo que todos queremos ser felices y una manera de conseguirlo es aplicando lo que aprendas de este libro.

Este libro se trata de decisiones, me gusta repetir la frase que dice:

"La calidad de tus decisiones y tus acciones, determinará la calidad de tu vida".

Todo en la vida es una decisión.

En cada momento, cada uno de nosotros tiene la oportunidad de elegir: elegimos quedarnos en la cama o levantarnos; decidimos tomar una ducha o no; elegimos vestirnos de cierto color cada día; decidimos tomar el desayuno o salir con el estómago vacío; elegimos ir a trabajar o no. También elegimos tener miedo o amar. Estamos eligiendo todo el día, todo el tiempo. Y la elección más importante que hacemos y que realmente es lo que determina nuestro estado de ánimo y nuestra felicidad, es si elegimos vivir en el presente, vivir en el pasado o vivir en el futuro.

> "Cada mañana cuando abro los ojos me digo a mí mismo: yo tengo el poder y no los acontecimientos para hacerme feliz o infeliz hoy. Puedo elegir lo que será. El ayer ha muerto, el mañana no ha llegado todavía. Tengo sólo un día, hoy, y voy a ser feliz en él.
>
> Groucho Marx

Para aquellos de ustedes que han escuchado o leído acerca de la teoría de memes, deben saber que ahora que han decidido leer este libro, el meme de la mente que se encuentra dentro de estas páginas, estará en sus mentes para siempre. Y por lo tanto serás feliz por tu propia elección si así lo decides.

Si no has escuchado acerca de la teoría de los memes, te recomiendo leer el libro "Virus de la Mente", La nueva Ciencia de los Memes, escrito por Richard Brodie, quien fuera el director de Microsoft y el asistente personal de Bill Gates. Brodie también fue el creador y autor original de Microsoft Word, uno de los programas más vendidos de computadoras personales, además, Richard Brodie es el autor del best-seller "Getting Past OK". Los memes; describe Brodie, son como virus mentales, ya que se comportan exactamente como los virus biológicos.

¿Y qué tal si te digo que lo que todo el mundo quiere es un "virus"?, es decir, un "meme" en la mente; un meme muy poderoso. Y entonces dirás, ¿qué?, ¿un meme-virus? Tú dirás:

"no, yo no creo, no quiero estar infectado con cualquier meme o virus". Sin embargo, ¿qué tal si el meme del que te estoy hablando es un meme que realmente es bueno y útil, un meme que realmente te gustaría tener, porque te hará feliz, muy feliz todo el tiempo.

EL MEME O VIRUS
"VSF"
ADVERTENCIA SOBRE ESTE MEME

VSF es un meme muy poderoso. Un meme de la mente inoculando a todos aquellos que entran en contacto con él. Si decides seguir leyendo, tendrás el meme del VSF en tu mente, puedes parar de leer aquí o seguir leyendo; antes de decidir, debes saber lo que "VSF" significa:

VIRUS
SIEMPRE
FELIZ

Conste que se te advirtió.

¿Te atreverás a seguir leyendo este libro?
Es tu decisión porque sé que quieres ser feliz.
Elegir dolor y sufrimiento es una opción

Algunas personas a menudo se preguntan: ¿Porqué los seres humanos tienen dolor y sufrimiento? Cuando escuché esta pregunta, pensé, que lo que para algunas personas es dolor y sufrimiento, no es igual o lo mismo para otras. El concepto de dolor y sufrimiento es diferente para cada quien. Todos tenemos diferentes conceptos e ideas y todas estas ideas se basan en nuestras experiencias personales a lo largo de nuestras vidas. Tú ahí donde estás sentado leyendo este libro, eres la suma total de las experiencias que has tenido durante el lapso de tu vida. Tu concepto de dolor y sufrimiento se basa únicamente en tus experiencias de lo que es el dolor. Actúas, piensas y te comportas de la manera que lo haces por los programas que forman tu personalidad y tu conocimiento acerca de tu vida. Te comportas de la manera que lo haces debido a todas las experiencias y conocimientos que se han acumulado a lo largo de tu vida. Si hubieras vivido en un país diferente y experimentado una cultura diferente, estarías pensando y comportándote de una manera distinta.

Lo que para ti es sufrimiento podría ser un placer para alguien que tuvo diferentes experiencias. Por ejemplo, algunas personas disfrutan al máximo subirse a una montaña rusa en una feria de juegos. Mientras que para otros el sufrimiento es enorme con sólo pensar en subirse a ese juego. Lo que tú llamas sufrimiento es sólo tu percepción de lo que es el sufrimiento. Por lo tanto, percibir o identificar el dolor y el sufrimiento es sólo una percepción personal.

Otra forma de sufrimiento es el hecho de que algunas personas optan por no vivir en el Ahora. La mayoría de las personas no son conscientes de que el pasado ya pasó y el futuro no ha llegado. El pasado y el futuro son sólo ilusiones, por lo que el dolor y el sufrimiento provienen de esas experiencias que ya hemos tenido. Recuerda que todos somos la suma de nuestras vivencias y las interpretaciones que hemos creado a partir de ellas.

Otra causa de sufrimiento es lo que estamos esperando que suceda en el futuro como ejemplo te pongo lo que son las preocupaciones y expectativas.

Si decido aceptar el Ahora tal como es y decido estar agradecido por lo que estoy experimentando en este momento; puedo decidir ver el presente como perfecto y que no hay nada de malo en este momento que es tan único como puede ser. Si puedo pensar y sentir de esta manera, el resultado es que me siento feliz de forma automática en el Ahora.

Hay una frase atribuida a Benjamín Disraeli (1804-1881), político y escritor británico que fue primer ministro en dos ocasiones. Parafraseando a Disraeli, la cita dice algo como esto: "El hombre vive crucificado entre dos ladrones, un ladrón es el lamentarse del pasado y el otro ladrón son las preocupaciones del futuro".

Cuando vivimos entre el arrepentimiento y la preocupación constante, estamos rechazando y evitando la alegría del presente. Te sugiero que vivas en el presente, ahí es donde reside la felicidad. Evita estar queriendo cambiar el pasado o preocuparte por el futuro y por las cosas que quizá nunca lleguen a suceder.

Hace tiempo escuché una meditación guiada por el doctor Deepak Chopra en la que menciona la palabra "alegría." Esta palabra llamó mi atención, ya que si aprendemos a estar contentos con lo que está sucediendo en todo momento, eliminamos inmediatamente la ansiedad del miedo, el estrés y la preocupación.

> *"Se necesita muy poco para tener una vida feliz, todo está dentro de ti mismo, en tu forma de pensar".*
>
> *Marco Aurelio*

Así que te pregunto: ¿qué tan fácil es para ti estar contento o alegre con lo que está sucediendo ahora mismo en este momento en tu vida? Este es un gran paso hacia la decisión de ser feliz, sin embargo, algunos de ustedes dirán que es muy difícil estar alegre o feliz con lo que está sucediendo.

Te voy a sugerir una fórmula que he venido practicando durante varios años y que ha hecho que mi vida sea muy fácil. Este es mi primer regalo para ti. Se trata de que practiques la siguiente afirmación en voz alta todos los días y cada vez que la recuerdes: **"Sí se puede, es fácil y yo soy quien lo va a hacer"**. Esta afirmación trabaja para todo lo que quieres hacer y lograr en tu vida.

> *"El secreto de la felicidad es admirar sin desear."* Carl Sandburg

Hay otra afirmación que quiero compartirte, la aprendí cuando estudiaba para conseguir mi certificado como practicante de Programación Neurolingüística. Mi profesor y amigo Fernando Arteche me la enseñó y la he estado repitiendo varias veces al día durante más de 20 años. Fernando aprendió también esta frase cuando estudió Programación Neurolingüística y la frase dice así: **"Yo soy sano, fuerte y feliz"**. Esta afirmación realmente ha hecho una gran diferencia en mi vida desde que comencé a practicarla, así como esta otra: **"Todo lo que hago es fácil de hacer y sé que puedo hacerlo"**.

¿Cómo quieres sentirte ahora y siempre? Realmente creo que quieres sentirte feliz, seguro o segura, saludable y en un estado de ánimo de paz y satisfacción. ¿Estoy en lo correcto? ¿Qué pensarías si te aseguro que tú puedes elegir la manera en que quieres sentirte? Yo sé a ciencia cierta que tú puedes elegir en todo momento cómo sentirte, así que te invito a elegir sabiamente. La elección del dolor y el sufrimiento frente a la elección de la felicidad y la alegría es nuestro desafío todo el tiempo, las 24 horas de los 7 días de cada semana.

Algunas personas dirán que hay momentos en los que hay dolor y sufrimiento debido a un accidente, una muerte en la familia, un robo o cualquier otro caos posible que puede llegar en algún momento, en ese Ahora de nuestras vidas. Y ésa es una observación válida, sin embargo, ese momento se pasa también y en un segundo más, ya estará en el pasado, si eliges entonces mantenerte en el pasado y recordar lo que acaba de suceder habrá sufrimiento y dolor, la pregunta aquí es: ¿cuánto tiempo quieres seguir recordando a un ser querido que falleció o algún acontecimiento que ya pasó?, ¿Cuánto tiempo más quieres seguir sufriendo por algo que ya se fue?

Para muchas personas el fallecimiento de un ser amado es un evento que se mantendrá presente por el resto de sus vidas, sin embargo, todos podemos decidir el recodar a nuestro ser querido en sus mejores momentos, en esos días de alegría que pasó junto a nosotros, recordar como esa persona estaba llena de amor, de vida y alegría, recordar todas esas cosas bellas que esa persona hizo por ti y por otras personas. O también puedes decidir recordar a ese ser querido en el preciso momento de su fallecimiento, el cómo sufría y el dolor que padecía. Entonces es aquí cuando puedes escoger cuál de los dos pensamientos te hace más feliz al recordar a esa persona.

En el capítulo # 1 escribí sobre mi propia historia, el momento en el que mi madre murió, en donde describo esos momentos de la vida que quizá cada persona va a tener que experimentar algún día o tal vez ya lo ha experimentado. Para muchas personas esos momentos parecen ser insoportables e insuperables y definitivamente muy dolorosos. Al recordar la historia de mi madre y el momento en que falleció, se puede observar que el mismo evento puede traer diferentes sentimientos y emociones, cada uno de sus hijos eligieron interpretar el caso de manera diferente.

Todos los días de mi vida me despierto y lo primero que pienso es: ¿cómo voy a elegir sentirme hoy después de cualquier evento que pueda suceder? ¿Crees que quiero decir que es fácil sentirse feliz? Pues no, al principio no es fácil, sin embargo, poco a poco yo he sido capaz de ir de la tristeza a la felicidad en un corto período de tiempo, algunos días lo puedo hacer de inmediato y algunos otros me toma hasta 15 minutos. Ahora creo que puedo elegir sentirme feliz en cualquier momento y que cada segundo de mi vida pasa a ser el momento perfecto porque así lo elijo yo.

¿Cómo te quieres sentir ahora y siempre? Te puedo decir que eso se puede elegir y lo voy a repetir a lo largo de este libro. Se trata de **elegir sabiamente.** Hay diferentes tipos de opciones, podemos elegir entre dos o más, algunas personas dicen que preferirían quedarse callados o no hacer nada cuando se enfrentan a una elección, sin embargo, no elegir en realidad es una elección, una elección de no hacer una elección. Se ha dicho que hay tres tipos de personas; los que hacen que las cosas sucedan (que toman decisiones y riesgos); los que observan lo que hacen otros y se unen al grupo después de que se sienten seguros y aun así eso les implica algún riesgo (seguidores); y el último grupo son los que siempre preguntan ¿Qué pasó?, ¿En qué grupo estás?, ¿Quieres pasar a un grupo diferente? Esa es una opción o decisión también.

¿Qué decisiones has hecho hasta el día de hoy? ¿Esas elecciones te han llevado al lugar donde estás ahora? Todos comenzamos a decidir desde muy pequeños. Desde niños aprendemos que ciertas acciones dan como resultado una respuesta de nuestros padres y así comenzamos a elegir a comportarnos de cierta manera para poder conseguir lo que queremos. ¿Has visto a los niños haciendo rabietas y conseguir la atención que quieren de sus padres?

Así pues, comenzamos a tomar decisiones a una edad muy temprana. Como he dicho antes elegimos salir de la cama o no, elegimos tomar una ducha o no, tomar el desayuno y qué tipo de alimentos, algunas opciones nos hacen saludables y otras nos hacen subir de peso. También elegimos a nuestros amigos y ellos nos eligen por aceptar sus ideas y su comportamiento. En la sociedad actual vemos cómo los jóvenes toman decisiones que arruinan sus vidas, como aquellos que eligen usar drogas terminando como adictos en las calles, otros eligen tener relaciones sexuales sin protección y contraen el VIH (virus del SIDA). Te sugiero que recuerdes y memorices la siguiente frase: **"La calidad de tus elecciones y acciones determinará la calidad de su vida"**.

La decisión más importante
Causa o efecto

Una decisión estando despierto o consciente. ¿Tú eliges ser la causa o ser el efecto?

Si te miras a ti mismo en un espejo verás una imagen en el interior del mismo, y si te pregunto si esa imagen es real, ¿Cuál es tu respuesta? ¿Eres la causa o el efecto? ¿Quién eres tú? ¿Quién quieres ser? Esto es una decisión, quizás la más importante.

"La felicidad no es un lugar al que hay que llegar, sino que es una forma de vivir."

Margaret Lee Runbeck

¿Quieres ser causa o efecto?

Algunas personas dicen que lo que ven en el espejo es real, sin embargo, si te mueves a un lado del espejo la imagen desaparece; ¿Qué es lo que está provocando que la imagen esté en el espejo? Lo que hace que la imagen aparezca es el hecho de que tú estás enfrente de él, por lo tanto, la imagen dentro del espejo es un efecto de la causa de que tú estés enfrente, la imagen sólo es un efecto y además es inexistente, es sólo una ilusión. Quiero preguntarte si prefieres ser la causa o el efecto en los eventos importantes que tendrán lugar en tu vida.

Cuando permitimos que nuestros impulsos afecten nuestro comportamiento, estamos dejando que nuestro ego dirija nuestras vidas. El objetivo aquí es dejar claro que todos tenemos el control para detener la reacción de nuestro ego ante lo que sucede en nuestra vida diaria. Los programas que nos dicen que nos enojemos cuando alguien se nos atraviesa en la autopista; si reaccionamos mostrándoles el dedo medio, esa acción es en realidad el efecto en lugar de la causa, el efecto tomó el control de nuestra vida. Hemos escuchado de casos en los que en una disputa de tráfico una de las personas implicadas saca un arma y mata al otro, arruinando su vida entera porque el efecto (el ego) tomó el control.

¿Cuántas veces dejamos que nuestro ego tome el control de nuestras vidas y hacemos a un lado a nuestro Ser superior? Ese Ser que siempre nos mira con incredulidad y nos deja actuar con el ego a sabiendas de que el mismo ego pagará las consecuencias por haber tomado una decisión impulsiva. Y todo por ese caballo salvaje y desbocado que es el ego humano.

Una decisión impulsiva es un comportamiento de nuestro yo inferior, es decir, del ego, que reacciona ante un evento exterior. Entonces estamos dejando que él elija ser el efecto en lugar de la causa, el efecto toma el control de nuestra vida y hace a un lado a nuestro Ser superior para no escuchar lo que nos está diciendo y que por lo general es mejor para cada uno de nosotros. Te invito a domar ese caballo salvaje. La mejor manera de hacerlo es tomando conciencia en todo momento de tus reacciones para así poder detenerte y pensar antes de tomar cualquier decisión. Es decir, darte un momento para preguntarte: ¿cuál es la mejor elección que puedo hacer en este momento? ¿Voy a dejar que mi ego reaccione sin hacer una elección consciente? Es como cuando vemos un grupo de fichas de dominó que están alineadas y hay una pieza frente a la otra, a veces creando formas hermosas y artísticas y cuando alguien empuja una de las fichas, la primera empuja a la siguiente y así sucesivamente hasta que todos los dominós caen. Hay una reacción en cadena por el impulso que se le dio a una sola de las fichas de dominó. Todos hemos escuchado a alguien decir: "tal o cual persona me presionó mis botones y me hizo reaccionar sin pensar." Y cuántas veces esa reacción resulta ser violenta, dañina y tiene repercusiones dolorosas para el resto de tu vida.

Te sugiero que veas este video en youtube.com
https://www.youtube.com/watch?v=y97rBdSYbkg

Por otro lado, hay que reconocer que el ego ha tenido un papel útil en la evolución de la humanidad, para sobrevivir por ejemplo. Los seres humanos evolucionamos constantemente para ser una mejor raza y el ego que en su momento nos sirvió, ahora nos detiene en el proceso de llegar a ser mejores seres humanos. El ego siempre ha sido el promotor de todas las guerras y es el único que en realidad tiene la capacidad de odiar.

Así que sabiendo que el ego es la única parte de ti que es capaz de odiar, mi pregunta es: ¿deseas que tu ego dirija tu vida? ¿O sería mejor que tu Ser Superior dirija tus acciones, esas acciones que te servirán en la vida diaria y te ayudarán a encontrar la felicidad?

En la vida estamos acostumbrados a ver ilusiones y pensar que son reales, creemos que los acontecimientos que nos hacen infelices son de verdad y, como dije antes, les damos valores basados en las experiencias pasadas.

Recuerdo cuando tenía 12 años y estaba jugando con mi hermano. Dos amigos que vivían en la misma calle vinieron a invitarnos disimuladamente a fumar marihuana. La presión estaba sobre nosotros, ya que estaban alegando que no éramos lo suficientemente grandes como para atrevernos a intentarlo; nuestro ego quiso reaccionar diciendo: "Yo soy muy macho y lo haré, ya no soy un niño". Sin embargo, al final yo decidí no probar la droga. Decidí escuchar a mi Ser Superior. En mi caso, eso hizo la diferencia en mi vida y lo ha seguido haciendo hasta el día de hoy.

Hay una historia de origen americano antes de la conquista, en la que un niño, próximo a convertirse en un joven guerrero, está teniendo una conversación con su abuelo y le dice que está preocupado por las decisiones que va a tomar.

"El niño le dice a su abuelo que escucha a dos lobos que están luchando dentro de él mismo. Un lobo negro y un lobo blanco, el lobo negro siempre le sugiere que sea perezoso y se divierta constantemente y que haga cosas malas como matar animales por diversión y destruir los árboles y la naturaleza, sin embargo, el lobo blanco le dice que no escuche al lobo negro que le da malos consejos, que es mejor ser un buen chico y hacer cosas buenas para sí mismo y para los demás, que es mejor ser útil y proteger a los débiles y mantener limpia la naturaleza. El niño también está preocupado porque pronto tendrá que enfrentarse a sus miedos cuando se convierta en un guerrero, ya que para eso tendrá que pasar una noche solo en el bosque y deberá buscar y cazar

un animal para probar su condición de proveedor y guerrero.
El lobo negro le dice que es un cobarde y no podrá cazar nada
porque que es un niño miedoso, mientras que el lobo blanco le
dice que él es un gran guerrero y que va a traer un gran trofeo
de caza y tendrá una exitosa ceremonia de guerrero. Así que el
niño le pregunta a su abuelo con preocupación. ¿Cuál de los dos
lobos va a ganar ya que siempre están luchando dentro de mí? El
abuelo mira a los ojos a su nieto y después de un breve momento
pensando en las palabras que va a decirle, calmadamente le
responde con la siguiente afirmación: Mi querido nieto, el lobo
que va a ganar dentro de ti, es el que alimentes más con tus
pensamientos.". (Autor desconocido).

A qué lobo estás alimentando? ¿A tu ego, el aspecto reactivo
o a tu ser superior que sabe lo que es mejor para ti? Piensa antes
de responder y **elige sabiamente**.

Reconozco que el ego ha tenido un papel útil en la evolución
de la humanidad, sin embargo, como todos los seres humanos
evolucionamos para ser una mejor raza, el ego que nos sirvió en el
pasado nos está arrastrando y deteniendo en el proceso de llegar
a ser mejores seres humanos. Como te dije antes, el ego siempre
ha sido el promotor de todas las guerras desde el principio de
los tiempos. Este comportamiento de promover guerras en los
últimos 4000 años evidentemente no ha funcionado. El ego dice:
"matas a uno de mis soldados voy a matar a dos de los tuyos," "si
destruyes dos de mis torres en Manhattan voy a destruir todo
un país".

Creo que es tiempo de que la raza humana despierte y
encuentre mejores soluciones. Es tiempo de darse cuenta de
que lo que hacemos a los demás, es lo que estamos haciéndonos a
nosotros mismos. Un día después del ataque a las torres gemelas
de Nueva York, el 11 de septiembre del 2001, en una entrevista
por televisión, un periodista le preguntó al Dr. Deepak Chopra,

orador motivacional, escritor y médico de origen hindú: "Dr. Chopra, quien cree usted que fue el responsable del ataque al World Trade Center?". Y el Dr. Chopra después de pensar detenidamente la respuesta, contestó: "Nosotros fuimos los responsables".

Así que, sabiendo que el ego es la única parte de ti que es capaz de tener miedo y odio, te vuelvo a preguntar ¿Quién deseas que dirija tu vida? ¿Tu ego o tu ser Superior, esa parte espiritual que es la fuente de tu existencia? ¿Qué sería mejor? ¿que tu ego o tu ser Superior tomara las decisiones de tu vida diaria? Esas decisiones que eventualmente te llevarán a ese futuro donde tienes todo el derecho de ser feliz.

El día en que experimentaste algún evento impactante en tu vida decidiste asignar un significado específico para ese evento. Luego, cuando situaciones similares te sucedieron de nuevo, volviste a asignar varias veces el mismo significado debido a que el nuevo evento de manera subconsciente te recordó aquel primer evento. Nuestro ego desea validar ese primer significado y tiende a repetir y buscar eventos similares para tener las mismas experiencias y repetir las mismas situaciones y así volver a validar el significado original asignado al primer evento y el ego se dice a sí mismo: "ves yo tenía razón y yo estoy en lo correcto también ahora". ¿Cuántas veces has comenzado una relación con un determinado tipo de persona y sabes que no va a funcionar y sigues con la relación hasta que obtienes el mismo resultado que ya habías tenido antes con ese mismo tipo de personas? Creas el mismo tipo de eventos una y otra vez con el fin de tener la razón. Tu ego tiene que estar en lo correcto.

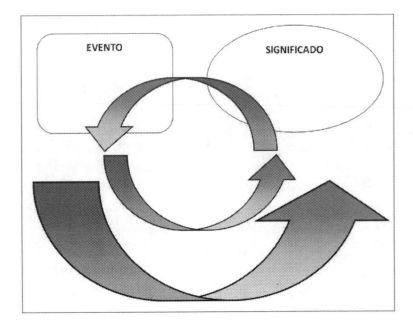

Así que, una vez que le das un significado a un determinado evento, tu ego tendrá que tener la razón y asignará una y otra vez el mismo significado a los eventos similares. (Ver la imagen de arriba).

El significado de la vida

Una vez me pregunté acerca del significado de la vida y decidí buscar algunas respuestas en internet. Me encontré con una lectura que vibró al mismo ritmo que mis pensamientos, esta lectura es una frase del Dr. Deepak Chopra: "El sentido de la vida es la expansión progresiva de la felicidad, la capacidad de tener compasión, la capacidad de amar, tener un sentido de conexión con la fuente creadora del universo, ese Universo que eres tú mismo".

El miedo y el sufrimiento provienen de la creencia en la separación entre unos y otros. **Aunque la realidad es que todos somos uno.** Deepak Chopra menciona en una de sus declaraciones: "Debemos tener un sentido de conexión con la fuente creativa".

En el libro "Un curso de milagros", en la lección 41 dice: "La depresión es una consecuencia inevitable de la separación". Cuando elegimos creer en la separación quedamos propensos a la depresión y el sufrimiento. Si decidimos ser uno con todo lo que vemos y lo que no vemos podemos ser felices y el miedo desaparece.

Por eso sugiero que empecemos a creer que somos UNO con todo y vivamos siendo uno con todo, ver como *uno* a los demás, así como a las plantas y los animales que son *uno* con todo.

En una ocasión tomé una clase que ofrece una organización llamada "Landmark", en esa clase aprendí una realidad que no me gustó, ahí me dijeron que yo era una máquina y que no tenía ningún significado. Al principio no podía entender esa declaración y yo decía que esa declaración era falsa y que no era verdad en absoluto.

> "Las creencias religiosas son un velo que cubre la inseguridad".
>
> Dr. Deepak Chopra-

A continuación procedo a demostrar que lo que decían era correcto. Ellos demostraron más allá de toda duda de que yo era una máquina y además sin significado alguno. Me demostraron que los seres humanos como individuos somos como maquinas, nos comportamos mecánicamente haciendo lo mismo una vez que estamos programados por la sociedad, nos levantamos a la misma hora, vamos a trabajar a la misma hora y al mismo lugar, regresamos a cenar y ver la televisión y a dormir mecánicamente, también procesamos como maquinas lo que comemos, nos entra por la boca, lo masticamos, lo tragamos, lo digerimos y lo desechamos mecánicamente, nuestro corazón es una maquina que bombea un liquido y todo nuestro sistema corporal se comporta como una maquina; carecemos de significado en comparación con nuestro sistema solar y también en comparación con nuestra galaxia, por no mencionar todo el Universo. Como seres humanos somos menos que una micra partida en más de 10 millones de micro-partículas de polvo en la inmensidad de todo el Universo. Así que, cuando veo esa perspectiva, entiendo que mi vida si es que llega a durar cerca de 100 años no es nada en comparación con la eternidad del Universo, es por eso que los seres humanos como individuos, no tenemos sentido o significado.

Sin embargo, la buena noticia es que podemos dar a nuestra vida el sentido que deseamos y trabajar en el sentido que le queramos dar, así como en el legado que anhelamos dejar a la humanidad.

¿Qué sentido le quieres dar a tu vida? Elige un significado que sea digno y que tu vida sea digna de ser vivida. Una vida llena de alegría y felicidad.

Es tu elección. Elige el significado que desees para tu vida, un significado que te haga feliz y haga felices a las personas que te rodean, tanto en tu familia como en tu ambiente de trabajo.

CAPÍTULO 3

"Nada sucede hasta que algo se mueve" (Einstein)

Los seres humanos siempre estamos o vamos a algún lugar, siempre y cuando estemos vivos. He mencionado en un capítulo anterior que todos tenemos la posibilidad de una elección y que incluso no elegir es una elección.

Sin embargo, quiero señalar que sólo hay dos cosas en las cuales no tenemos ninguna elección, son las dos únicas cosas que todo ser humano tiene que hacer, quiera o no quiera, son las dos únicas circunstancias en las que no tenemos elección. Yo aprendí esta lección de un libro de Terry McBride, él dice así:

"Número uno, todos vamos a morir".

"Número dos, todos debemos vivir hasta que nos llegue la muerte ".

Ahora bien, mientras vivamos, podemos elegir cómo queremos sentirnos, podemos optar por ser felices o podemos optar por ser infelices, esas elecciones normalmente las hacemos de acuerdo con lo que está sucediendo a nuestro alrededor, sin embargo, te puedo decir que aún en las peores circunstancias todavía podemos elegir ser felices en cualquier momento. Por lo tanto, ¡puedes elegir la felicidad todo el tiempo!

Rico Ituarte

> "*Cuando fui a la escuela, me preguntaron que quería ser*
> *cuando fuera grande. Yo escribí en un papel la palabra*
> *'feliz' Ellos me dijeron que no entendía lo que preguntaban*
> *y yo les dije que ellos no entendían la vida ...*"
>
> *-John Lennon-*

Piensa que el poder de elegir es lo único que nadie te puede quitar. Pueden quitarte casi todo, pero nunca la libertad de elegir. La vida te puede quitar tus cosas más preciadas, tus seres queridos, incluso la vida te puede quitar tus extremidades; sin embargo, el poder de elegir, jamás.

Por lo tanto, tú puedes elegir ser feliz en cualquier momento y en cualquier circunstancia.

¿Quieres saber cómo? Voy a darte algunos consejos sobre cómo elegir la felicidad. Siempre es fácil elegir la felicidad si te vuelves consciente de tus reacciones.

Ahora piensa que todos estamos haciendo algo mientras vivimos y lo que decidimos hacer nos puede hacer felices o infelices. ¿Quieres ir hacia la felicidad o hacia algo que no te haga feliz? Otra manera de entender este concepto es preguntándote a ti mismo: ¿Elijo crecer o elijo estar en decadencia? Puedes estar creciendo mental y espiritualmente, o puedes estar en decadencia mental y espiritualmente, no hay otra opción, así que de nuevo te sugiero elegir sabiamente.

Voy a contar una historia que aprendí en un seminario fabuloso al que asistí en el año 2004. Ese seminario es llamado Seminario Básico impartido por la empresa PSI Seminars que significa People Synergistically Involved (PSI), que traducido es: Personas Involucradas Sinérgicamente. En dicho seminario escuché la siguiente historia: "Sócrates enseñaba a sus alumnos, y entre ellos estaba Platón; Sócrates les dijo que había observado

34

que todo en la vida tenía tres etapas, la primera de ellas era la etapa de crecimiento y que antes de ésta todo comenzaba en una pequeña partícula de energía y que las partículas se desarrollaban a través del tiempo y crecían hasta llegar a la segunda etapa que Sócrates denominaba como la etapa de estabilidad, después las cosas permanecían en esa etapa de estabilidad durante un período de tiempo hasta que finalmente se llegaba a la tercera etapa que Sócrates llamó la etapa de decadencia".

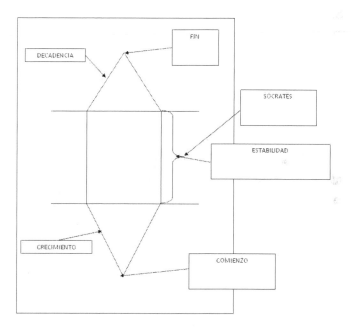

Platón, que se encontraba entre los estudiantes de Sócrates, quedó impresionado por la declaración de su maestro. Aquel día, Platón se fue a casa meditando sobre el tema. Después de pasado un tiempo y de haber estudiado detenidamente el concepto que había escuchado de su maestro, Platón decidió tener una conversación con Sócrates ya que había llegado a una conclusión diferente. Le explicó que él creía que la declaración tenía una premisa falsa y que la falsa premisa era la segunda etapa, la que Sócrates llamaba **estabilidad**. Platón afirmó que según él; no había ninguna etapa de estabilidad y que todo estaba en crecimiento o en decadencia. Ellos se pusieron a debatir respecto a la etapa de estabilidad y después de varias horas, ambos llegaron a la conclusión de que Platón tenía la razón y su premisa era correcta, sólo había crecimiento o decadencia, la etapa de la estabilidad era una ilusión.

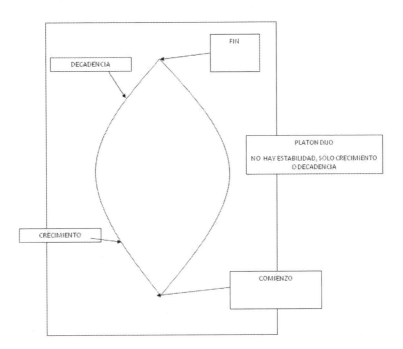

Cuando vemos un mueble de madera, como una silla o una mesa, al verlos parece que son estables ya que toma mucho tiempo para que estas piezas de madera se desgasten y se acaben y finalmente lleguen a desaparecer, sin embargo, poco a poco las moléculas de la madera de la cual está hecha, están poco a poco desintegrándose y separándose de manera muy lenta; lo que hace que estén en completa decadencia, incluso si no vemos con nuestros ojos, lo que está sucediendo. Lo mismo se aplica para un edificio de concreto y hormigón que si lo dejamos de pie como las pirámides en Egipto, el edificio podría estar allí durante siglos incluso después de que la raza humana se haya ido, sin embargo, poco a poco las pirámides se habrán ido desbaratando y un día, las pirámides o los edificios desaparecerán, por lo que están en decadencia, ya que, no están creciendo más. ¿Cuándo o en qué momento los muebles de madera comienzan a estar en decadencia? En el momento preciso en el que el árbol fue cortado de la tierra.

Así que si entiendes este concepto de crecimiento y decadencia y lo aplicas a tu vida, te quiero desafiar a que te preguntes a ti mismo: ¿Estoy creciendo o estoy en decadencia? Después pregúntate: ¿Qué puedo hacer para mantenerme creciendo todo el tiempo? Tu mente subconsciente va a encontrar una respuesta y te ayudará a mantenerte siempre en crecimiento.

Una forma de saber si estás en decadencia es analizando cómo estás en este momento en tu vida y ver si estás en una situación cómoda; porque si te sientes cómodo, probablemente estás en una etapa de decadencia. En cambio, el crecimiento es estar siempre fuera de la zona de confort, es decir, incómodo. Cuando observas a un bebé al que le están creciendo los dientes puedes ver que no es cómodo, un adolescente al que la ropa ya no le queda, no se siente confortable, una empresa para lograr adquirir nuevos clientes, firmar nuevos contratos y la toma de decisiones no siempre es cómodo. Por lo general, la comodidad equivale a decadencia.

Este libro es acerca de la felicidad y la elección de ser feliz. Pregúntate ¿Cuál es la mejor opción para la felicidad? ¿La decadencia o el crecimiento? ¿Cuáles son tus respuestas y tus decisiones?

Sé sincero contigo mismo.

Como este capítulo comenzó con la cita de "Nada sucede hasta que algo se mueve ", la pregunta es ¿Te estás moviendo en la dirección de crecimiento? ¿Estás tomando las decisiones que te harán una mejor versión de ti mismo? Observa que escribí una mejor versión de ti, no mejor versión de otra persona.

Podemos esforzamos por ser mejor que otras personas, sin embargo, muchas veces hay siempre alguien que es mejor que nosotros y podemos llegar a frustrarnos por no poder seguir sus pasos o ser mejor que ellos. Como ejemplo, puedo elegir ser mejor que Michael Jordan, saltar más alto que él y al final me veré frustrado, nunca voy a saltar tan lejos y tan alto, porque soy más bajo, tengo sobrepeso y más edad. Sin embargo, puedo perseguir el ser mejor que yo mismo y trabajar en mi condición física y mejorar mis capacidades de salto, hacer ejercicio y tener una mejor forma físicamente. Sé que es posible y estaré muy satisfecho de lograr los mejores resultados que los que tengo ahora. Estoy siendo mejor que mi anterior yo.

CAPÍTULO 4

Siendo Feliz sólo porque sí

¿Qué pensaste cuando leíste el título de este capítulo? Elegí este título pensando que no hay una razón específica para ser feliz en la vida. Podemos pasar por etapas y eventos que nos hacen felices debido a la naturaleza de estos, creo que todos hemos experimentado la felicidad por alguna situación especial. Y siempre estamos esperando aquellos eventos especiales que activarán nuestra felicidad.

> *"Ser feliz no significa que todo es perfecto. Significa que decidiste ver más allá de las imperfecciones".*
>
> *Autor desconocido*

Así que la mayor parte del tiempo estamos a la espera de algún evento para poder ser felices. Déjame decirte algo, el evento, ése que tanto esperas, el más importante, es Ahora. Cada momento de tu vida es el evento importante que estás esperando. Por lo tanto, podemos elegir ser felices aquí y Ahora, no necesitamos esperar el futuro, es Ahora; en este mismo momento, sin detenerse a analizar si hoy es el momento adecuado para ser feliz o no, simplemente sé feliz Ahora.

> *"La felicidad es el arte de no sostener en tu mente el recuerdo de cualquier cosa desagradable que ha pasado".*
>
> *Autor desconocido*

¿Qué tal ser feliz sin razón? ¿No sería genial? y el hecho es que todos podemos elegir ser feliz sin ninguna razón en absoluto, es sólo nuestra programación en la mente la que ha creado la idea que para ser feliz se necesita siempre un evento externo que sea agradable a nuestras creencias y programas, por lo tanto, le hemos dado un valor subjetivo a los eventos externos que nos hacen felices.

Así que todos los eventos son vistos con diferentes ojos y diferentes programas que hacen que los califiquemos de buenos o malos. ¿Qué tal si elegimos ser felices sin calificar los eventos y simplemente ser feliz sin motivo alguno? La clave es dejar de esperar a que algo externo nos dé felicidad de acuerdo a nuestra percepción subjetiva de los eventos. Cualquier circunstancia y cualquier momento es ideal para sentirse feliz, siempre y cuando elijamos y decidamos ser felices y sentir felicidad.

¿Crees que se puede hacer eso?

Todos podemos ser felices sólo porque sí. No necesitamos una razón, no necesitamos un evento especial, no necesitamos drogas o alcohol, no necesitamos una persona especial que nos haga felices, sólo necesitamos tomar una decisión, una decisión muy importante que será cambiar nuestras vidas. Una decisión de ser feliz todo el tiempo.

CAPÍTULO 5

El poder de una sonrisa

Mientras estudiaba Programación Neurolingüística, uno de los temas que aprendí fue el hecho de que nuestro cuerpo reacciona a las posturas que asumimos y las caras que hacemos. ¿Te gustaría hacer un experimento en este momento? Te invito a hacer un ejercicio y estoy seguro que te vas a sorprender.

> *"A veces tu alegría es la fuente de tu sonrisa, pero a veces tu sonrisa puede ser la fuente de tu alegría".*
>
> *Thich Nhat Hanh*

Este experimento te tomará menos de cinco minutos y te va a demostrar que cualquier persona puede cambiar su forma de sentir de una u otra manera. Haz el ejercicio y vamos a ver qué pasa.

Este ejercicio se basa en la ciencia de la Programación Neurolingüística.

1. Ponte de pie y mantente en esa posición.
2. Cierra tus ojos.
3. Piensa en un momento del pasado cuando te sentiste triste, un momento de incomodidad, quizá de dolor;

como el fallecimiento de un ser querido, la muerte de un animal doméstico, el ser despedido de un trabajo, una experiencia triste que te haya sucedido. Puede ser también un dolor físico o algo similar a cualquiera de los ejemplos que he mencionado. Siente ahora las emociones que tenías en aquel momento, mira las escenas que estaban pasando por tus ojos, experimenta como si estuviera sucediendo en este momento, escucha los sonidos, las palabras y los ruidos de aquel momento triste. ¿Cuáles fueron tus sentimientos?, ¿fueron dolorosos?, ¿dónde te dolía más? Ahora quiero que estés consciente de cómo te sientes y cuál es el estado de tu cuerpo y la postura, cómo están tus músculos, tus extremidades, cual es la posición de la cabeza y de tus ojos. Qué está pasando por tu mente y cómo te sientes en este instante en que estás recordando aquel suceso del pasado. ¿Cómo es tu respiración? ¿Cómo está tu espalda y el torso posicionados? Puedo asegurar que si estás siguiendo las instrucciones, en este momento ya te sientes triste.

¿Qué es lo que está sucediendo en tus pensamientos y tu mente? Nada agradable supongo.

Nota tu postura de nuevo. Algunas personas dirán que sus hombros están caídos, sus ojos están mirando hacia abajo, probablemente, su espalda se inclinó ligeramente hacia el frente y sus labios se encuentran con los extremos hacia abajo.

4. Ahora vamos a seguir con el experimento y vamos a ver lo que va a ocurrir a continuación. Ahora quiero que te mantengas en la misma posición de pie, deja de recordar ese momento de dolor en el pasado, mueve tu cara hacia arriba con tu mirada en alto también, levanta

tus hombros, sonríe y piensa en un momento agradable y placentero, un momento de alegría y felicidad donde tú eres el centro de atención, las personas te están diciendo lo fabuloso que eres, escucha las palabras de halago que te dicen, siente en todo tu cuerpo la alegría de ese momento, la gente está alegre, todos están impresionados por algo que tú lograste y están felices por ti y te están felicitando por tus logros.

Ahora quiero que comiences a saltar con los dos pies tan alto como te sea posible. Mantente de pie y mirando hacia arriba, quiero que sientas las emociones que sentías en aquel momento del pasado cuando todos te alababan. Quiero que escuches las palabras que te decían, que recuerdes tu risa de alegría y felicidad; que veas el lugar en el que estabas, los colores, rostros sonrientes y felices por ti. Observa el lugar y el paisaje de todo lo que estaba sucediendo, escucha a todos, recuerda los sonidos y siente cuando estabas siendo felicitado, eras el centro de atención y eras reconocido por todos. Siéntelo ahora.

Ahora observa lo que le está sucediendo a tu cuerpo, nota tu expresión facial. ¿Estás sonriendo? ¿Qué es lo que tu cuerpo siente? ¿Cuál es la posición de tu cabeza, tus brazos, tus piernas y tu pecho? ¿Qué es lo que está pasando por tu mente en este momento? sé consciente de tus sentimientos, trae de vuelta a tu memoria la alegría y la felicidad de aquel momento y siéntete de la misma manera otra vez. Empieza a saltar y gritar en voz alta y ríe en voz alta y di: "Yo Soy Feliz, Yo Soy Feliz, Yo Soy Feliz", tu cuerpo en este momento está generando endorfinas y seguramente te sientes alegre y feliz.

Entonces, si el experimento salió como espero y como lo he aplicado a través de muchos de mis seminarios, sé que cambió tus sentimientos de tristeza a alegría y te sentiste feliz en cuestión de minutos ¿verdad?

Probablemente te sientes feliz y tienes pensamientos y sensaciones felices, algunas personas dicen que sienten escalofríos en los brazos y empiezan a reír sin motivo.

> *"La verdadera felicidad proviene de la alegría de hacer bien lo que hacemos, la chispa de crear cosas nuevas".*
>
> Antoine de Saint-Exupéry

El objetivo del ejercicio es demostrar que es posible cambiar tu estado de ánimo y sentimientos tan fácil y rápido como acabamos de hacerlo, lo único que necesitaste fue tu decisión para seguir las instrucciones en el ejercicio. Si esta fue tu experiencia, simplemente logré que tú te des cuenta que ser feliz es una decisión que todos podemos tomar en cualquier momento.

Ahora date cuenta de que el dolor que sentías hace unos minutos ha desaparecido, que pasaste de estar muy cómodo leyendo estas palabras al dolor, después de recordar un momento triste y luego volver a un momento de alegría con sólo recordarlo. El dolor que sentiste ha desaparecido. ¿Qué es lo que hizo que fueras capaz de cambiar tus sentimientos y tus posturas corporales? Fue simplemente tu decisión, tu decisión al seguir mis instrucciones. ¿Fue difícil? No, sólo elegiste seguir mis instrucciones y fue muy fácil, es así de fácil el ser feliz todo el tiempo, tú puedes ser feliz si eliges hacerlo.

La postura de tu cuerpo ayuda. El cerebro sabe que para estar triste tienes que tener una posición triste en el cuerpo: la cabeza hacia abajo, los hombros hacia abajo, la columna y la parte superior del cuerpo inclinada hacia adelante, cara triste, mirando hacia abajo y lo más importante: tener pensamientos tristes o dolorosos. La postura de tu cuerpo también ayuda a sentirte feliz y saludable, con los hombros hacia arriba y hacia atrás con la columna recta, mirando con tus ojos hacia arriba, sonríe; camina con pasos llenos de energía y piensa situaciones felices y divertidas, entonces, tu cuerpo va a reconocer la postura y de inmediato se iniciará la generación de endorfinas que cambiarán el bienestar de tu cuerpo y harán que todo en ti sea más saludable. Como puedes ver, cambiar de estado de ánimo es muy fácil y sólo basta con tomar una decisión. ¿Vas a optar por hacer este ejercicio cada mañana? Espero que así sea y que decidas ser feliz por tu propia elección.

Este es el poder de la posición de tu cuerpo y los recuerdos en todas las células del mismo. Si decides cambiar la posición y sonríes estarás feliz todo el tiempo; al principio es posible que tengas que trabajar y practicar, incluso puedes requerir un poco más de esfuerzo, sin embargo, cada vez te será más fácil. Así experimentarás la felicidad todo el tiempo y estarás en control de cómo te quieres sentir en cualquier momento de tu vida.

Este ejercicio es un ejemplo del poder que tenemos para cambiar nuestros pensamientos y el foco de nuestra atención. Si elegimos vivir en el Ahora y pensar en el momento actual, normalmente no tendremos dolor o si llegamos a tenerlo es probablemente momentáneo debido a una circunstancia presente, podría ser un dolor muscular por ejercicio o un dolor mental debido a la pérdida de un ser querido, el dolor sólo existe en el pasado; y como dije en un capitulo anterior, también hay otro tipo de dolor, el dolor de las preocupaciones del futuro, este dolor se basa en presunciones de algo que quizá nunca suceda.

Rico Ituarte

> "Estoy decidido a ser alegre y feliz en cualquier situación en la
> que me pueda encontrar. Pues he aprendido que la mayor parte
> de nuestra miseria o infelicidad no está determinada por nuestras
> circunstancias, sino por nuestra disposición". *Martha Washington*

Hay estudios científicos que demuestran que se necesitan menos músculos para sonreír de los que se necesitan para tener el ceño fruncido, así que la realidad es que vas a gastar menos energía por ser feliz y estar sonriente que la energía que vas a gastar en estar triste o molesto .

El poder de creer

Ahora vamos a hablar sobre el poder de creer. ¿Cuántas veces hemos escuchado a algunos atletas decir que el éxito en su deporte es debido a creer en sí mismos? Ellos nunca dudaron que serían los más grandes y los mejores en su campo. Tenemos el caso del corredor jamaiquino Usain Bolt, quien corre 100 metros en menos de 10 segundos. En un momento hubo quien pensó que era imposible. Piensa en alguien como Michael Jordan, LeBron James o los conductores de automóviles que han ganado campeonatos con sólo creer que lo harían. Muchos deportistas hablan de qué tan fuertes y seguros se sentían y que creían que lograrían hacerlo y lo hicieron. Y es que ellos practicaron en sus mentes, vieron lo que creían que pasaría y después de que lo creyeron, lo hicieron posible.

> "Mi felicidad crece en proporción directa a la aceptación,
> y en proporción inversa a mis expectativas."
>
> *Michael J. Fox*

Hay una historia acerca de Henry Ford que en alguna ocasión leí y dice más o menos así: Henry Ford quería más potencia en los motores de sus coches, por lo que llamó al equipo de ingenieros que trabajaban para él y les pidió que diseñaran y construyeran un motor de ocho cilindros; en aquel tiempo los automóviles de Ford eran movidos por motores de cuatro cilindros, por lo que Henry Ford había pensado que si podía hacer un motor con el doble del número de cilindros, entonces sus automóviles tendrían más potencia para moverse más rápido. Los ingenieros se pusieron a trabajar en el diseño para el nuevo motor y después de varias semanas le llevaron los planos a Ford, quien les dijo que habían diseñado un motor de ocho cilindros en línea, un cilindro después de otro, Henry Ford tomó un vistazo a los planos y de inmediato dijo a los ingenieros que su diseño no funcionaría, que ese motor era demasiado largo y no cabría en la parte delantera del automóvil. La parte delantera del automóvil tendría que ser modificada y el auto con un capó delantero más largo. El diseño no fue del agrado de Ford y les pidió un motor más corto con ocho cilindros. Los ingenieros se fueron a buscar un nuevo diseño y al cabo de unos días regresaron afirmando que no era posible hacer un motor más corto con ocho cilindros. Entonces Ford sugirió al grupo de ingenieros que se separaran en dos grupos, el de aquellos que pensaban que no era posible hacer un motor más corto y aquellos que pensaban que sí era posible. No sabemos si el señor Ford dejó sin trabajo a los que no creían que fuera posible, pero lo que sabemos es que él envió a trabajar en el proyecto a los que creían que sí podían hacerlo y esos ingenieros construyeron un motor más corto dando como resultado el motor de ocho cilindros en V. Henry Ford dijo al grupo de ingenieros lo siguiente: ***"Si crees que puedes o si crees que no puedes, tienes razón, o puedes o no puedes".*** Ese es el poder de una creencia. Se puede ser feliz o no se puede ser feliz de acuerdo a tus creencias personales.

Nuestras creencias se basan en nuestras experiencias personales desde que nacemos, como ya mencioné antes. Cada ser humano es la suma de sus experiencias y la forma en que piensa y reacciona a cualquier circunstancia. Ahora quizá quieras preguntar si me comporto de acuerdo a mis creencias, que fueron creadas por mis experiencias. ¿Cómo voy a ser feliz con todas las cosas que me han pasado? Mi sugerencia es que pienses en la posibilidad de un nuevo comienzo desde cero. Imagínate que acabas de tener un accidente y te golpeaste en la cabeza y por eso no recuerdas nada, nada de todo lo que te ha pasado. Borrón y cuenta nueva. Así que nada de tu pasado determinará cómo te sientes o actúas. Un comenzar de nuevo, crea momentos felices y los acontecimientos felices, sólo tienes que imaginártelos, es así de fácil. Tus creencias son lo que son y pueden cambiarse todas de acuerdo a tu voluntad.

El poder de una creencia se describe en la Biblia, en el pasaje donde dice que si tenemos fe del tamaño de un grano de mostaza, podemos decir a una montaña muévete y la montaña se moverá. Ese es el poder de la fe y el poder de nuestras creencias.

El Dr. Deepak Chopra escribe en uno de sus libros sobre el término placebo y su homólogo el efecto nocivo: El Dr. Chopra relata una experiencia personal con un médico que era amigo suyo en un hospital donde trabajaba. El amigo del Dr. Chopra solía fumar mucho y sus compañeros de trabajo constantemente le sugerían que dejara ese vicio, después de varios años de escuchar esos consejos, este amigo decidió tomarse una radiografía de los pulmones, y cuando vio sus rayos X se encontró con una pequeña mancha en sus pulmones, este doctor amigo del Dr. Chopra creyó que el cáncer ya lo había atacado y estaba seguro de que iba a morir pronto. En un par de semanas estaba muy enfermo y efectivamente muere en unas cuantas semanas más. Debido a que el Dr. Deepak Chopra era su amigo, la administración del hospital le pidió que recogiera las pertenencias de la oficina de su colega y las entregara a la familia de éste. Cuando el Dr. Chopra estaba empacando las pertenencias de su amigo, se encontró con un viejo estudio de rayos X de su colega con fecha de alrededor de 20 años atrás, cuando había solicitado entrar a trabajar en el hospital. Para sorpresa del Dr. Chopra, esa radiografía mostraba exactamente en el mismo lugar la misma mancha y del mismo tamaño que la nueva radiografía de rayos X. El amigo de Chopra creyó que tenía cáncer y se murió por su creencia. Las radiografías, mostraban la misma mancha en el mismo lugar; una tomada 20 años antes y la otra 20 años después y nunca sintió ninguna molestia ni la mancha creció; tal vez en aquel momento 20 años antes, no vio su radiografía o no le dio importancia, en aquel momento no creyó que era cáncer. Sin embargo, años después, el poder de una creencia mató a este médico tras creer que moriría y así lo hizo.

Te invito a creer que puedes ser feliz, sólo porque sí. En el último capítulo de este libro escribí 365 afirmaciones de felicidad, puedes repetir una cada día durante un año y un nuevo programa de la felicidad y alegría serán programados en tu mente subconsciente, serás feliz todo el tiempo si optas por seguir el reto de leer y repetir durante todo el día una afirmación por 365 días. Te invito a visitar mi página de Facebook, donde he subido esas afirmaciones diariamente, empezando el día primero de enero del 2017.

https://www.facebook.com/BE.CAUSE.OF.HAPPINESS/

CAPÍTULO 6

Fórmulas para crear el hábito de la Felicidad

Estos son algunos pasos concisos y fáciles de hacer que te ayudarán a traer felicidad a tu vida, además podrás hacer de la felicidad una constante sensación diaria de alegría.

Muchas personas están lejos de estar satisfechos con sus vidas, con la forma en que están viviendo en este momento o con lo que tienen; por lo general estas personas están constantemente luchando para adquirir cosas y buscar la aprobación de los demás. Cuando me di cuenta de este patrón de comportamiento llegué a la conclusión de que por alguna razón la gente valora más la opinión de los demás que su propia opinión. La gente compra coches debido a que sus vecinos compraron un coche nuevo, quieren mantenerse al día con las personas de su entorno o inclusive ser mejor que ellos, por la sensación de ser superiores a los demás.

> *"La enfermedad no puede vivir en un cuerpo que está en un estado emocional saludable".*
>
> Bob Proctor

Cuando cada uno de nosotros lleguemos a darnos cuenta de que somos una creación divina y que tenemos una perfecta semejanza a lo divino, entonces no vamos a necesitar la validación de los demás, ya que podemos creer en nosotros mismos. Y no tenemos que tener o poseer más que los demás para ser dignos y felices.

La importancia de elegir la felicidad

Los sentimientos de felicidad provienen de pensamientos felices y estos a su vez producen acciones, hábitos y resultados más efectivos y alegres. Debido a estas acciones, la felicidad parece tener poderes mágicos. Algunos científicos sostienen que la felicidad puede hacer que la gente sea más saludable y que incluso viva más tiempo; también la felicidad ayuda a los seres humanos a ser más creativos.

Estoy seguro de que alguna vez te has preguntado por qué algunas personas viven sus vidas más felices que otros. La respuesta es sencilla: han desarrollado un programa en su mente subconsciente y una forma de pensar feliz. De algún modo ellos encontraron la correlación entre sus pensamientos y sus resultados.

Andrew Steptoe, profesor de Psicología en la University College de Londres, afirma que las personas más felices tienen menos posibilidades de sufrir enfermedades cardíacas y accidentes cerebro-vasculares. La explicación es simple, las personas más felices tienen mejores hábitos de salud, su sistema inmunológico es más fuerte y también pueden soportar mejor el dolor.

De acuerdo con un estudio reciente de la Universidad de Carolina del Norte, los psicólogos descubrieron que las personas que practican positividad en su vida, pueden hacer frente a las malas situaciones de una manera más efectiva y protegerse del estrés.

Por lo tanto, vale la pena tener pensamientos y sentimientos felices en la vida.

He aquí una serie de fórmulas que pueden ayudar a restaurar la felicidad en ti y alrededor de ti y que te guiarán hacia una vida mucho más satisfactoria:

Date cuenta de la forma en que estás pensando

La mayoría de las personas viven de forma predeterminada y sólo reaccionan a lo que está pasando a su alrededor. Sus pensamientos generan sus sentimientos, por lo que si puedes elegir tus pensamientos con cuidado, tu vida tendrá un mejor sentido. Cada vez que te encuentres reconociendo un pensamiento negativo elimínalo con la contraparte positiva.

¿Cómo elegir la felicidad en cualquier momento? La felicidad es un estado mental, no se puede encontrar fuera de ti mismo. No es necesario tener una gran cantidad de tiempo o ir a un lugar especial para estar en paz y disfrutar de un momento de felicidad. La gratitud es la forma más fácil de pasar de vibraciones negativas a vibraciones con las que te sientas feliz de nuevo.

Cada vez que te sientas deprimido o cabizbajo detente por un momento y piensa conscientemente en tus bendiciones, cuenta cuantas cosas positivas tienes a tu alrededor; siente las bendiciones que vienen de las cosas que ya tienes y mírate a ti mismo viviendo un estilo de vida feliz y saludable. No olvides nunca que alguien en algún lugar está feliz con menos de lo que tú tienes.

Deja que la felicidad te guíe

¿Se puede elegir la felicidad en cualquier momento? ¡Sí, definitivamente sí, tú puedes!. El famoso psiquiatra sobreviviente del holocausto, Viktor Frankl, dijo: "La única cosa que no me pueden quitar es la forma en que decida responder a lo que alguien me hace a mí. La más grande de las libertades es el poder elegir mi actitud en cualquier circunstancia".

Así que, tú eres el capitán de tu propio barco que es tu mente. Nadie te puede obligar a pensar o sentir cualquier cosa que no quieras. Las cosas suceden todo el tiempo. En lugar de centrarte en lo que no deseas, opta por ver exactamente lo contrario de la preocupación, la ansiedad y lo negativo. Disfruta de tus momentos de gratitud, sé agradecido por lo que eres, lo que tienes, lo que es y aprovecha tu propia fuente de felicidad y amor.

Además, las personas más felices atraen lo que quieren más rápido. Las emociones fuertes ayudan a aumentar el poder de atracción. Al visualizar tu vida ideal siente la alegría, la felicidad y la emoción como si el objeto de tu deseo ya es real. Entre más fuerte sean tus emociones, más rápido vas a manifestar lo que deseas.

Analizar lo que es más importante o tiene prioridad

El psicólogo Ed Diener afirma que no hay una sola regla para lograr la felicidad, sino más bien una mezcla de ingredientes. Los ingredientes son, principalmente, las relaciones sociales saludables, metas valiosas y un propósito en la vida.

Cuando nosotros como seres humanos somos capaces de definir nuestras prioridades y las alimentamos con nuestro amor y atención; entonces, nos podemos centrar en lo que tiene valor para nosotros. El sólo hecho de hacer esto trae la felicidad. Para la mayoría de las personas, la familia y amigos es lo primero.

Los científicos están de acuerdo en que así como el estrés puede dañar nuestro sistema inmunológico, la amistad y la felicidad pueden proteger nuestros cuerpos.

El rodearte de personas que apoyan tus pensamientos e ideas te llevará más alto. Rodéate de gente feliz, positiva y que verdaderamente quieran lo mejor para ti, rodéate de personas que apoyarán tus deseos y sueños, de personas que te acepten, para que así no tengas que cambiar tú y adaptarte a sus diferentes percepciones del mundo.

Medita

Cada día nuevos estudios muestran que la meditación tiene grandes beneficios para la salud y el bienestar. El meditar aumenta las emociones positivas, la función inmune y en general la satisfacción con la vida, también trae calma a tu vida. Cuando meditas, la gente se da cuenta de tu nueva forma de ser, llegando a pensar que ahora estás iluminado o diferente.

Haz lo que amas

Te sorprenderás al darte cuenta de que más del 90% de las personas no hacen lo que les gusta, sino lo que la vida les pone enfrente cada día. Te sugiero que hagas lo que te gusta y que hagas tiempo en tu agenda para tus aficiones y lleves a cabo tus deseos e intereses más especiales. En lugar de que la vida te suceda, crea una vida que valga la pena ser vivida.

Ríe más seguido

Este es un gran consejo, simplemente ríe sin razón, sé un poco menos penoso y sé feliz. Un doctor de nombre Madan

Kataria comenzó el club de la risa en la India y ahora hay clubes de la risa en todo el mundo, la gente va a las reuniones de estos clubes sólo para reír sin razón. La risa mejora tu salud y tu vida. Además, las personas viven más tiempo simplemente por la risa, los estudios demuestran que muchas personas se han curado simplemente por la risa. No tomes la vida demasiado en serio. Ríete, ríete de tus circunstancias y asegúrate de infundir la diversión en todas tus actividades diarias.

Practica el perdón

Jesús dijo: "Perdónalos, porque no saben lo que hacen". El que sigas sintiendo enojo, celos, resentimiento y molestia por algo que ya pasó, solamente te lastimará a ti mismo. Te sugiero que aprendas a decir:

¿Y qué?, ¿y ahora qué?

Perdona a otros y perdonarte a ti mismo por todo aquello que haya sucedido en el pasado y que te mantenga preso en tu conciencia. Déjalo ir y crea un nuevo presente y un futuro mejor. Sólo lo tienes que decidir tú, por elección.

Deja de comparar

Cada vez que haces una comparación uno de los lados que comparas será menor o negativo y el otro mayor o positivo. Evita la posibilidad de ver dos o más resultados. La gente feliz no pierde su tiempo preocupándose por lo que podría o no podría haber sucedido, no prestan atención a lo que piensan las otras personas, no ponen atención a los chismes. Hay una historia acerca de Sócrates que dice más o menos así:

En la antigua Grecia, Sócrates tenía fama de tener gran conocimiento en la escuela de filosofía.

Un día un conocido se encontró con el gran filósofo y le dijo: "Sócrates ¿sabes lo que acabo de oír de tu amigo?".

"Espera un minuto, replicó Sócrates, antes de decirme algo me gustaría que lo que me vas a decir pase una pequeña prueba. Se llama la prueba del triple filtro".

"¿Triple filtro?"

"Así es", continuó Sócrates. "Antes de hablar conmigo acerca de mi amigo, puede ser una buena idea tomar un momento y filtrar lo que vas a decir. El primer filtro es la verdad. ¿Estás absolutamente seguro de que lo que vas a decirme es cierto?".

"No, dijo el hombre: De hecho, acabo de oír acerca de ello".

"Muy bien", dijo Sócrates. "Por lo tanto, no se sabe muy bien si es verdad o no. Ahora vamos a tratar el segundo filtro, el filtro de bondad. ¿Lo que estás a punto de decirme de mi amigo es algo bueno?"

"No, todo lo contrario...".

Así que, Sócrates continuó: "quieres decirme algo malo sobre él, pero no estás seguro de que es cierto".

"Quizá todavía pueda pasar la prueba, sin embargo, hay un filtro restante: el filtro de utilidad. ¿Lo que quieres decirme de mi amigo va a ser útil para mí? ".

"No, en realidad no".

"Bueno", concluyó Sócrates, "si lo que quieres decirme no sabes si es verdadero, ni bueno, ni siquiera útil, ¿por qué me lo quieres decir a mí en lo absoluto?".

Es por esto que Sócrates era un gran filósofo y se mantenía en alta estima.

Deja de lado la necesidad de juzgar o criticar. En cambio, concéntrate en crear y explotar tu creatividad al máximo y vive poniendo lo mejor de ti, así tu vida será grandiosa y crearás una vida que valga la pena ser vivida.

Ama y da amor constantemente

Se ha dicho que Dios es Amor. Cuando nos dedicamos a ser amorosos estamos actuando y viviendo una cualidad de Dios, por lo tanto, si nos comportamos con esa cualidad divina estamos siendo y comportándonos cómo se comporta Él y podemos llegar a ser como Dios, que irradia felicidad y alegría. Cultiva tus relaciones, amigos y familia con acciones de amor y buena actitud. Has que sea una prioridad para ti el pasar tiempo con tus seres queridos y apóyalos en lo que puedas. Practica las cualidades que tu creas que tiene Dios y así cumplirás con el dicho que fuimos creados a imagen y semejanza de Dios al ser como él en sus cualidades.

Sigue aprendiendo

Los autores Chris Brady y Orrin Woodward, en su libro: "Cómo iniciar una revolución de liderazgo" mencionan que los seres humanos olvidan poco a poco lo que saben y que, "si no sabemos lo que no sabemos y si estamos olvidando poco a poco lo que sí sabemos, sería una buena idea el seguir aprendiendo; de esa manera, al menos sabremos algo." Invierte tiempo y energía en aprender y desarrollar nuevas habilidades continuamente. Mantén el cerebro estimulado con información y aficiones nuevas, esto es vivir de una manera emocionante.

Se positivo

Yo solía decir a mis hijos que cuando un ser humano nace es como si lo pusieran en medio de una regla de medir. Las reglas tienen pequeñas marcas que miden milímetros, marcas que pueden indicar si estamos en el mismo lugar o si nos estamos moviendo. Siempre tenemos una opción hacia donde movernos, ya sea a un lado o al otro. Un lado inherentemente sabemos que es el lado correcto de la vida, el otro podría decirse que es el negativo. El hecho es que tenemos que avanzar en la vida, no se vale que nos quedemos en el mismo lugar. Elige a qué lado quieres moverte, siempre tienes el poder de decisión y de ir hacia el lado positivo o al negativo. ¿Cuál es tu decisión? Tú sabes automáticamente lo que es mejor para ti. Empieza a avanzar hacia lo que te hace más feliz. Haz un esfuerzo por ver el vaso medio lleno y siempre busca el lado bueno de cualquier situación. Si observas que un pensamiento negativo se está queriendo meter en tu mente, contrarresta ese pensamiento con una poderosa afirmación positiva.

Aprecia la vida

Disfruta todo el tiempo. Disfruta cada instante de tu vida, pues en realidad son muy pequeños los momentos en los que las personas sufren una pérdida o dolor; la mayoría de las veces podemos elegir la sensación de ser felices, ser grandiosos. La palabra grandioso tiene la misma raíz del ser agradecidos. Desarrolla una actitud de gratitud y de saber reconocer y contar tus bendiciones. Cuando comienzas a buscar cosas por las cuales agradecer, descubres más razones para ser feliz. El agradecimiento crea felicidad.

CAPÍTULO 7

Edén o Paraíso

En todas las religiones hemos encontrado un común denominador; todas tienen como objetivo llegar a un lugar de alegría y felicidad. Prometen a las personas que si siguen sus reglas van a llegar a ese lugar o paraíso.

¿Alguna vez te has preguntado si ese lugar de alegría eterna es aquí y ahora mismo delante de ti y que no necesitas de ninguna religión para llegar a ese lugar de alegría y felicidad? Pues déjame decirte que lo único que se necesita para llegar a la alegría y felicidad es una acción muy simple: **la acción de elegir.** Decide tener un estado de alegría y felicidad todo el tiempo y verás por ti mismo el resultado.

A través de mis pensamientos y experiencias personales descubrí que el miedo y el sufrimiento provienen de la separación; de la creencia común de que estamos separados unos de otros. ¿Has escuchado el concepto que afirma que *Todos somos Uno?*

En el libro de Un Curso de Milagros, en la lección número 41, dice: "La depresión es una consecuencia inevitable de la separación". Cuando elegimos creer en la separación nos volvemos propensos a la depresión y al sufrimiento.

Si elijo *ser uno* con todo lo que veo y todo lo que no veo; entonces es fácil ser feliz.

Te preguntarás ¿por qué voy a ser feliz si elijo pensar que soy uno con todo lo que veo y todo lo que no veo?, ¿cómo voy a ser uno con lo que yo no veo? Estarás pensando y quizá diciendo: "yo estoy aquí sentado en mi silla y hay seis mil quinientos millones de personas en todo el mundo: ¿cómo es que puedo ser uno con toda esa gente?".

> *"El mundo está sólo en la mente de su creador".*
>
> Un curso de Milagros

Bueno, si sólo ves la evidencia física de tu cuerpo, no serás capaz de pensar que eres uno con todo, sin embargo, sólo piensa en esto: ¿eres un ser humano que tiene una experiencia espiritual o eres un ser espiritual teniendo una experiencia humana? (Esta frase se ha repetido por muchos años y se les ha atribuido a varios autores, entre ellos, Wayne Dyer). Como ser espiritual nunca naciste y nunca morirás. Estás hecho de átomos y energía, y todos los demás seres humanos también están hechos de átomos y de esa misma energía. Las rocas están hechas también a partir de átomos y de la misma energía. Los propios átomos de nuestro ser son los mismos para toda la humanidad y para todas las cosas en el Universo. **Todos somos Uno**, hechos de la misma materia.

Creo que todos los seres humanos hemos tenido la experiencia de miedo o entendemos el concepto de miedo. ¿Qué es el miedo y cuál es su origen? ¿Por qué tenemos miedo?

En una ocasión fui a una clase de Cábala, una disciplina y escuela de pensamiento antigua, en la que aprendí que los seres humanos tenemos dos naturalezas: una es que somos proactivos y la otra es que somos reactivos. Una vez que entendí el concepto de ser reactivos y proactivos llegué a la conclusión de que la naturaleza reactiva era en realidad la parte de nosotros que es impulsada por el ego. La naturaleza reactiva se identifica con el ego y es la que nos ayuda a sobrevivir y prosperar. Es una necesidad que nuestros cuerpos tienen para mantenerse vivos y defenderse de posibles amenazas. Hoy en día, en una civilización como la nuestra, probablemente no necesitamos la habilidad de supervivencia tan aguda de pelear o correr, sin embargo, todavía tenemos una parte primitiva en el cerebro denominada "cerebro reptiliano", esta parte de nuestro cerebro es la que controla las fuerzas de supervivencia en nosotros. Por lo tanto, reaccionamos a los sucesos que se nos presentan. Un ejemplo de esto es cuando vamos manejando en la autopista y alguien se nos cruza enfrente sin avisar, automáticamente nos molestamos y empezamos a señalar con el dedo; a veces eso crea una verdadera violencia vial. Hemos visto personas reactivas que sacan un arma y disparan dañando al otro, arruinando no sólo la vida de la otra persona sino también la de ellos mismos al terminar en la cárcel. Todo por nuestra naturaleza reactiva. Esto en realidad no ayuda a nuestra evolución como especie. Sin embargo, está incrustado en nosotros desde nuestro pasado ancestral. Por otro lado, tenemos el carácter proactivo, esta naturaleza se identifica con nuestro yo superior, el lado espiritual. La naturaleza proactiva no reacciona, simplemente tiene mucha paciencia y se detiene antes de reaccionar y piensa antes de actuar. Muchas veces sólo espera y observa a la naturaleza reactiva, que ha saltado y reaccionado con violencia, o en un estado de ánimo que a la larga crea una consecuencia negativa, a veces por el resto de la vida.

La naturaleza proactiva tiene mucha paciencia y sólo espera. La naturaleza reactiva es el que tiene miedo, nuestro ego está ahí para protegernos de morir, de hacernos daño, sin embargo, te voy a dar una mala y una buena noticia. Todos nuestros cuerpos van a morir algún día, el ego lo sabe y está aterrorizado de morir. Ese es el origen del miedo, es la parte animal en nosotros que no quiere ser dañada. Por el otro lado, el ser superior, el yo espiritual, como he dicho antes; nunca nació y nunca morirá, por lo tanto, no conoce el miedo, ya que no puede ser dañado. Así que permíteme hacerte una pregunta: ¿quién quieres que controle y dirija tu vida? Tu ego o tu ser superior. ¿Prefieres seguir reaccionando a las circunstancias o prefieres que tu ser superior se encargue y tome control de tu vida? He hecho esta pregunta a muchas personas y todos me dicen lo mismo: "quiero que mi ser superior controle mi vida". Es fácil decirlo, sin embargo, las palabras se las lleva el viento, las acciones demuestran resultados, por lo tanto, ahora te invito a vivir realmente lo que dices. ¿Cómo puedes hacerlo? Es fácil, sólo vive en el ahora, en el momento presente, sé consciente de lo que eres; un ser espiritual teniendo una experiencia humana. ¿Cómo te das cuenta de qué manera estás viviendo? Sólo siendo consciente en todo momento; hay un pasaje en la Biblia que dice: "orad sin cesar", ¿qué significa esa frase? Pues si lo analizamos significa ser consciente en todo momento, ser consciente de lo que eres, un ser espiritual, teniendo una experiencia humana. Para mí, eso es orar sin cesar, estar consciente de mi espiritualidad y mi identidad divina.

La acción de elegir

Vamos a pensar en esta declaración, ¿podemos conscientemente elegir ser alegres y felices en cualquier momento? La palabra clave aquí es "conscientemente"; la respuesta es *sí*. La felicidad y la alegría es siempre una elección. Tenemos la opción de elegir sin importar lo que está sucediendo a nuestro alrededor. Lo que nos hace felices o infelices es nuestra propia decisión de cómo percibimos lo que pasa en nuestro entorno. Es la interpretación personal interna de cualquier evento externo que ocurra en cualquier momento lo que nos hace sentir felices, tristes o enojados.

¿Cuál es la calidad de tus opciones con respecto a tu interpretación personal de los eventos a tu alrededor en cada momento de tu día? ¿Hay alguna persona en tu lugar de trabajo que provoca ciertos sentimientos, ya sea de alegría o de enojo? ¿Te das cuenta de que los sentimientos que comienzas a experimentar tan pronto como ves a esa persona no tienen nada que ver con ella? Todo tiene que ver en cómo tu mente subconsciente controla tus sentimientos y emociones cuando percibes un evento que está sucediendo fuera de tu mente. El hecho de que ves a alguien delante de ti, o de la forma en que una persona actúa o reacciona ante otro acontecimiento que está sucediendo cerca, es simplemente una reacción tuya debido a los programas incrustados en tu mente subconsciente, a través de tus experiencias personales a lo largo de tu vida.

La manera de reaccionar y tu forma de pensar es la suma de las experiencias que has vivido y que han creado programas en tu mente subconsciente. Eres el producto de tus experiencias, la suma de lo que has vivido y vives. Por eso, actúas de la manera que actúas y reaccionas como reaccionas. Si al nacer te hubieran llevado a otro país, por decir China, habrías tenido diferentes experiencias, hablarías chino, comerías arroz con palitos, pensarías en chino y te comportarías diferente a como te comportas hoy en día, tendrías probablemente otra religión y serías una persona completamente diferente.

Es el entender que somos nosotros los que estamos en control de nuestros sentimientos y emociones, lo que nos hará libres y nos llevará a ese paraíso prometido o edén aquí y ahora. ¿Imagínate cómo sería tu vida si decidieras elegir ser feliz todo el tiempo?

Ese es el estado de ánimo que todos quisiéramos alcanzar: el edén o paraíso. Cada uno de nosotros en cualquier momento podemos decidir estar en el paraíso por elección. Eso es lo que todas las filosofías religiosas nos han dicho siempre, sólo que las hemos mal interpretado.

¿Sabes que siempre tienes una opción en la forma de cómo reaccionas? Esa opción tiene que ver con la elección que cada uno de nosotros tenemos en todo momento; la elección de ser feliz es la opción que estaba destinada para que todos la tomáramos. Cuando la Biblia habla sobre el árbol del conocimiento y cuenta la historia de que después de comer el fruto del árbol del conocimiento todo cambió. Este evento significa que en cada momento tenemos la posibilidad y la conciencia de elección, el conocimiento de elegir adecuadamente y hacer lo correcto y vivir en plenitud, amor y felicidad.

> *"Sólo hay un camino a la felicidad y es dejar*
> *de preocuparse por las cosas que están más allá*
> *del poder de nuestra voluntad".* Epicteto

Desde ese momento bíblico o histórico algunas personas han hecho la elección de la separación y de la competencia; es por ello que algunos seres humanos o diversas razas se ven como diferentes a los demás y, según ellos, son los que tienen la "verdad" y, las demás personas no. Hemos creado la idea de separación y esa otra idea ridícula de que "yo estoy bien y tú estás mal", este proceso de pensamiento crea envidia, odio y caos.

Te invito a hacer una elección diferente, la elección de la unidad y cooperación. Sin duda esto traerá a tu vida un resultado diferente: la alegría y la abundancia.

Si no te gusta la vida que has creado, ¿sabes qué? Tú tienes una opción para cambiarla; ¿cómo? Cambiando tu percepción de los eventos a tu alrededor.

> "Locura es esperar resultados diferentes haciendo las mismas cosas que siempre hemos hecho".
>
> Albert Einstein

Una vez leí en un libro escrito por Wayne Dyer la siguiente declaración: "Cuando cambio mi forma de ver las cosas; las cosas que veo, *cambian*". ¿Deseas cambiar tu vida y la forma de ver las cosas a tu alrededor? Si no cambiamos la forma en la que percibimos los eventos y nuestra forma de creer, vamos a seguir siendo las mismas personas de siempre y vamos a obtener los mismos resultados que hemos creado hasta ahora. Recuerda lo que he dicho antes citando a Albert Einstein: "La locura es esperar resultados diferentes haciendo las mismas cosas que siempre hemos hecho".

Cuando conscientemente elegimos la felicidad, estamos en ese edén o paraíso mencionado en todas las religiones y al que casi todos tenemos como objetivo llegar algún día. Tú puedes estar ahí ahora mismo. Sólo tienes que elegir, en cualquier momento de tu vida, la felicidad en lugar del caos. Recuerda que todo es una elección y cualquier elección puede ser cambiada en cualquier momento, haciéndolo tan fácil como contar del uno al tres.

Cualquier elección es tan fácil o tan difícil de hacer como cada uno de nosotros decide creer que es. La misma opción puede ser muy simple para una persona y complicada para otra; lo que hace la diferencia es la percepción de la dificultad que cada uno de nosotros ve en tal elección.

Te invito a elegir que lo que hagas en tu vida sea fácil de disfrutar y que el ser feliz sea fácil para ti. Recuerda que el resultado que cada uno de nosotros creamos en nuestras vidas, tiene una relación directa con nuestras creencias. Atraemos lo que somos y lo que pensamos. Podemos crear a nuestro alrededor lo que pensamos que merecemos y finalmente lo tendremos.

A veces decimos que queremos algo diferente de lo que hoy tenemos, sin embargo, basado en los resultados en este momento, lo que realmente queremos es lo que tenemos hoy, lo que pensamos es lo que creamos y lo que tenemos el día de hoy, ni más ni menos. Observa las cosas y muebles que tienes en tu dormitorio, ¿de dónde salió esa cama? ¿Por qué elegiste esas cortinas? ¿Por qué elegiste ese cepillo de dientes en la tienda? ¿Por qué decidiste trabajar para la empresa para la que trabajas hoy? ¿Por qué optaste por el negocio que tienes hoy en día? Todos tenemos lo que hemos creado por nuestras propias decisiones.

Mira todo lo que tienes en tu vida hoy y pregúntate honestamente si de alguna manera tú fuiste el que eligió tener esas cosas en tu vida, nadie te puso una pistola en la cabeza y te obligó a tener lo que tienes. Tú mismo decidiste aceptar lo que tienes o has creado, aún a sabiendas de que podrías haber creado otras cosas, quizá mejor o diferente de lo que has creado.

Ahora es el momento adecuado para que empieces a tomar diferentes decisiones en cuanto a los resultados que has creado y en cuanto al nivel de felicidad en tu vida. Ahora sabes que lo que tienes es porque así lo decidiste. La pregunta ahora es: ¿deseas cambiarlo?

¿Recuerdas ese fantabuloso regalo que te di en el capítulo 1 para que lo usaras? Ese regalo te sirve para cambiar lo que has creado.

Feliz Porque Quiero

Quizá dirás: "es tan difícil ir por lo que realmente quiero". Así que recuerda que existe una forma comprobada que se puede utilizar para superar tu vieja manera de pensar. Cada vez que te encuentres con algo que parece difícil de conseguir; sólo repítete a ti mismo las siguientes afirmaciones que son muy eficaces para cambiar tu mente subconsciente:

SÍ PUEDO
ES FÁCIL
Y YO SOY QUIEN LO VA HACER AHORA.

SÍ PUEDO
ES FÁCIL Y
YO LO ESTOY HACIENDO AHORA.

Sigue repitiendo estas palabras todos los días de tu vida, por la mañana, a la hora del almuerzo, antes de ir a dormir y cada vez que tengas que hacer algo que pienses que va a ser difícil.

Si repites estas tres frases cada día y cada vez que te acuerdes, harán una gran diferencia en la forma en que tu mente subconsciente hará el trabajo que tiene que hacer para que puedas lograr lo que quieres. La mente subconsciente es nuestro esclavo y hará cualquier cosa que le digas que haga; por lo que cuando emitas el comando que dice: " sí se puede", tu mente subconsciente va a empezar a trabajar en esa orden que dice "yo puedo hacerlo", aquí lo importante es evitar dar otras órdenes que contrarresten la orden original. La declaración que dice: "es fácil", es de muy, muy alta importancia debido al hecho de que lo que dices a tu mente subconsciente será lo que dictamine el resultado de tus acciones, ¿deseas que el cambio sea fácil o le darás órdenes ambivalentes a

67

tu subconsciente lo que hará que no sea tan fácil? Una vez más, esto es tu decisión.

Quiero terminar este capítulo dándote la bienvenida a tu nuevo edén o paraíso, ese paraíso que vas a crear con tus propias decisiones de hoy en adelante. O si prefieres, puedes quedarte dónde estás y mantener lo que has creado hasta ahora, tu infierno, ya que lo has creado por tu propia elección.

CAPÍTULO 8

La importancia de las palabras YO SOY

El YO SOY

¿Estarías dispuesto a un reto? Te invito a que empieces a hacer un mejor uso de las palabras YO SOY.

¿Cómo utilizas las palabras YO SOY? ¿Puedes decirte a ti mismo: YO SOY FELIZ, repetirlo cada día y cada momento de tu vida? Yo afirmo que la felicidad es una decisión, así que mi pregunta para ti es: ¿puedes fingir que eres feliz hasta que lo logres? Sigue diciéndote a ti mismo que eres feliz cada vez que lo recuerdes, dilo con tantas ganas que eventualmente lo creas. Pon una alarma en tu reloj cada 15 minutos o cada hora si quieres y repítete a ti mismo: YO SOY FELIZ, hazlo cada vez que puedas y quieras.

Utiliza tu imaginación y recuerda aquellos momentos en los que estabas feliz, tu cuerpo de inmediato reconocerá esos recuerdos y generará endorfinas que van a cambiar el estado de tu cuerpo, creando felicidad automática, con sólo pensar en eventos felices. Al principio, te costará cierto esfuerzo, sin embargo, con el tiempo y la práctica será como una segunda naturaleza para ser feliz todo el tiempo.

Te quiero expresar aquí la importancia de las palabras YO SOY, para poder hacer eso, necesito parafrasear un pasaje de la Biblia, donde se relata la historia de Moisés en el momento en el que caminaba por una montaña y escuchó una voz que provenía de unas zarzas ardiendo en llamas a un lado de la montaña. Moisés escuchó una voz que le daba una orden especificándole que tenía que regresar a Egipto a hablar con el faraón para que dejara en libertad a la comunidad hebrea.

> *"La Imaginación creativa" no es algo reservado para los poetas, los filósofos o los inventores. Está en cada acto de nuestra existencia. Ya que la imaginación pinta el "cuadro", una vez que el cuadro es claro, nuestro mecanismo interno de la imaginación trabaja automáticamente. Actuamos o dejamos de actuar, no a causa de "la voluntad", como comúnmente se cree, lo hacemos por la imaginación".*
>
> *Maxwell Maltz*

Moisés estaba sorprendido de escuchar esa voz y sobre todo, de la orden que le instruía para ir a hacer algo peligroso e increíble, ya que él había sido desterrado de Egipto por el faraón; quien ya había fallecido para ese entonces, habiendo dejando en el trono a su hijo Ramsés, el cual había crecido junto a Moisés en el mismo palacio. Ramsés siempre le había tenido cierto resentimiento a Moisés por un mal percibido favoritismo. Sin embargo, Moisés sabía que tenía que escuchar y obedecer la orden que venía de la voz procedente de las zarzas ardientes. Moisés tuvo ciertas dudas y le preguntó a la voz que por qué él, ya que padecía de ser tartamudo, por esa razón no tenía la confianza en sí mismo de poder hacerlo, así que trató de evitar cumplir la orden y le preguntó a la voz, ¿Qué le digo al faraón?

¿Quién le digo que me está enviando a cumplir esta orden? ¿Cuál es tu nombre? Y en ese momento la voz le respondió: "Mi nombre es".

"YO SOY EL QUE SOY"

Estas poderosas palabras son el nombre de Dios de acuerdo a las escrituras; estas palabras en hebreo son: Yud-Hei-Vav-Hei (YHVH).

El nombre de Dios está representado por las cuatro letras hebreas (Tetragrámaton) o sea las letras Yud-Hei-Vav-Hei (YHVH). En algunos diccionarios se refieren a estas letras como el nombre inefable o el nombre prohibido de mencionar o el nombre distintivo de Dios.

Lingüísticamente está relacionado a la raíz hebrea Hei-Yud-Hei (SER) y refleja el hecho de que la existencia de Dios es eterna. En hebreo estas letras suenan más o menos así: "YUD HEI VAV HEI" Estas letras hebreas significan "YO SOY, EL QUE SOY". Si escuchamos detenidamente el sonido de las letras, el sonido que producen al ser habladas en hebreo, suena más o menos a la palabra Jehová o Yehova que se repite en la Biblia muchas veces. En la religión Judía tienen prohibido mencionar el nombre de Dios en hebreo, debido a la posibilidad de que entendamos que somos uno con DIOS.

Quiero hacer hincapié aquí, que la frase "Jehová" más que un nombre mal entendido, es una afirmación divina especificando que su nombre es "YO SOY".

Así que, ya sabiendo que es una realidad histórica escrita en la Biblia, cada uno de nosotros debe ser muy cuidadoso de lo que diga cuándo se trate de mencionar las palabras YO SOY, debido a que cada vez que decimos "YO SOY", en el pensamiento o con la boca, estamos invocando el nombre y la presencia divina y le estamos pidiendo que lo que digamos después del YO SOY se convierta en realidad, estamos pidiendo una confirmación de que lo que estamos mencionando con nuestros pensamientos y palabras después de mencionar YO SOY se haga una realidad. Así que, si digo: YO SOY sano, fuerte y feliz, Dios dice sí, tú eres, si yo digo YO SOY poderoso, el Universo dice, sí tú eres, si yo digo que YO SOY miedoso y tímido, el Universo completo conspira para que lo que yo diga después de mis YO SOY se haga realidad. Por eso te invitó a que de hoy en adelante digas y afirmes la siguiente frase: YO SOY FELIZ, di esto todo el tiempo y hazlo porque tú decides hacerlo.

¿Qué es lo que vas a empezar a afirmar después de conocer el poder de las palabras YO SOY? ¿Cuáles van a ser tus afirmaciones de hoy en adelante?

YO SOY, es el nombre de todos los nombres y tú, lo creas o no lo creas, eres parte de ese nombre universal YO SOY.

El YO SOY, es el nombre que usamos todo el tiempo sin realmente detenernos a pensar en el poder que tiene. Te invito a que pongas atención cada vez que hablas o piensas decir YO SOY y las palabras que pones después.

Tus YO SOY son los cimientos y la base de todo lo que quieres o deseas, si estos no son suficientemente fuertes, lo que vas a crear en tu vida será el resultado de ello y tus creencias. Después de tus YO SOY, vas a poner lo que tú crees que eres, te invito a hacer una lista de 100 adjetivos calificativos positivos de quién eres y te lo empieces a creer.

Empieza a decir "YO SOY FELIZ", porque cada palabra que pongas después de tus YO SOY va a ser respaldada y aprobada por esa fuerza Divina del Universo, Dios, o como tú quieras llamar a esa fuente de energía divina, a esa fuerza universal que mantiene y ha creado a todo el Universo. Estas son algunas afirmaciones:

YO SOY AMOR
YO SOY SABIDURÍA
YO SOY INTELIGENTE
YO SOY APRENDIZAJE
YO SOY SALUDABLE
YO SOY RÁPIDO
YO SOY PODEROSO
YO SOY HERMOSO
YO SOY FABULOSO
YO SOY FELIZ
YO SOY COMPLETO
YO SOY ÚNICO
YO SOY AMADO
YO SOY ESPECIAL
YO SOY RICO
YO SOY ABUNDANTE
YO SOY -------------------- coloca aquí tus propias palabras

Quiero compartirte que en el lenguaje hebreo y yiddish utilizan un alfabeto diferente al nuestro. El gráfico de abajo ilustra parte del alfabeto hebreo. Observa que éste se escribe de derecha a izquierda, diferente al nuestro que va de izquierda a derecha. Así que la letra Alef es la primera letra del alfabeto hebreo y Tav es la última. El alfabeto hebreo es llamado el alef-bet, debido a la posición de las dos primeras letras.

Puedes ver y escuchar la pronunciación de las letras hebreas YUD HEI VAV HEI en Wikipedia en la siguiente página:

http://en.wikipedia.org/wiki/Tetragrammaton

Hebreo	Pronunciación	Letra
י	Yodh	[j]
ה	Hei	[h]
ו	Waw	[w]
ה	Hei	[h]

Para finalizar este capítulo, déjame cuestionarte si piensas que existe un poder superior o por decir una palabra, Dios. Piensa en el momento en que esa energía o poder superior decidió crear el Universo; piensa que, si esa energía o Dios era realmente lo *único* que existía hasta ese momento, ¿De dónde sacó Dios toda la materia para crear todo el Universo? Si lo único que existía era Dios mismo, ¿de dónde salió todo lo demás? Bueno, pues la respuesta es muy sencilla; todo lo que ves y todo lo que no ves fue creado por esa misma energía o Dios mismo, TODO salió de esa energía que es Dios. Todo lo que existe ha sido creado de la misma energía divina, de Dios mismo. Tú y yo y toda la humanidad entera, así como las carreteras, los edificios, los mares y los planetas, también las galaxias, los animales y todo, absolutamente todo está hecho y salió de Dios mismo, todos somos hechos de la misma energía divina, estamos hechos de Dios mismo.

Es por eso que afirmo que todos **somos uno** y no sólo uno con todos los demás, también **somos uno** con Dios. Una vez que entiendas esto y lo puedas digerir apropiadamente, entonces podrás eliminar el miedo de tu ser y podrás decidir ser feliz, feliz por decisión propia. Sólo de esta manera el miedo desaparece, cuando entiendas de dónde vienes y quién eres en realidad.

En la versión –Reina Valera– de la Biblia o en la versión en inglés del -Rey James-, hay un versículo que dice textualmente: **"La luz del cuerpo es el ojo: si por lo tanto tu ojo es un todo, el cuerpo estará lleno de luz"**.

Lo que significa ser uno es realmente la capacidad de poder vernos como uno con todo. Es el saber que estás hecho de energía y que esa energía es la misma que ves en todo lo que te rodea, estás hecho de polvo de estrellas, estás hecho de Dios, tú y yo y todo lo que puedas percibir, y aún más, también lo que no puedes percibir.

CAPÍTULO 9

Trabajando con tu felicidad en un espejo

Mantra en Sánscrito
Shree Ram. "Yo encarno felicidad y vitalidad".

Trabajando en tu felicidad con un espejo

Cuando tenía veinticinco años leí el libro, "Tú puedes sanar tu vida", de Louise Hay, ella trabaja eficazmente con afirmaciones positivas, yo había utilizado mis propias afirmaciones durante esa primera etapa de mi vida y había aprendido de su libro, que al mencionar esas afirmaciones en voz alta y frente a un espejo tenían un mejor resultado.

Te invito a trabajar de la misma forma y hablar en voz alta delante de tu espejo, diciendo las afirmaciones que puedes crear tú mismo y que estén relacionadas con el nivel de felicidad que deseas tener en cualquier momento de tu vida.

Hay una frase poderosa que aprendí en un seminario llamado "El Básico", (The Basic, en inglés). Ese seminario se imparte durante tres días; la compañía que lo imparte es conocida en Estados Unidos como PSI Seminars. En ese seminario, aprendí un poderoso principio que dice lo siguiente: "¿Y qué? ¿Y ahora qué?".

> *"En realidad, tenemos la oportunidad de decidir, aquí y ahora, el ser miserables o ser felices, no importa lo complicado, lo mal o lo desagradable que nuestra vida pueda ser".*
>
> Chris McCombs. *Entrenador Físico*

De una manera u otra, todos hemos pasado por tiempos difíciles y situaciones dolorosas, sin embargo, si seguimos viviendo en el pasado y recordando todo el tiempo lo que pasó, estaremos constantemente recordando también el dolor que nos causó. Como mencioné en un capítulo anterior, cuando vivimos en el pasado traemos el dolor del pasado y cuando nos preocupamos por lo que podría suceder, entonces sentimos dolor por lo que podría suceder, sin estar seguros de que sucederá. La lección es vivir en el presente. Así que, cuando decimos "¿Y qué? ¿Y ahora qué?" tenemos el poder de liberar lo sucedido en el pasado y crear una nueva situación con la experiencia y los recursos que tenemos en este momento. La clave aquí es crear una vida que valga la pena ser vivida, una vida que sea diseñada a nuestro gusto y deseo, que cumpla nuestras necesidades y expectativas, crear una vida que también pueda hacer una diferencia en las personas que nos rodean y las personas que amamos. Y podemos incluso ir más allá para crear una vida digna de ser vivida, que sea un ejemplo a seguir por las generaciones venideras. Te gustaría ser alguien como Nelson Mandela quien vivió una vida digna de ser vivida, alguien como Mahatma Gandhi, una Madre Teresa de Calcuta, una Louise Hay o un Wayne Dyer. Hay muchas muestras de grandes vidas, las hay por miles y tú no eres una excepción, también puedes ser un ejemplo de una vida que valga la pena ser vivida y ¿adivina qué? ¿De quién depende crear esa vida que valga la pena vivir? Solo depende de ti mismo.

Muchas personas dejan que la vida les suceda, se matriculan en estudios o una carrera que no les gusta, toman un trabajo que no les satisface, se conforman con una relación que no era la que realmente querían, ya sea porque les pasó que quedaron como pareja con un bebé no deseado. Muchos viven una vida de resignación porque eso no es lo que originalmente querían o deseaban. Simplemente aceptaron lo que la vida les puso enfrente. Y bueno, déjame decirte que todos tenemos opciones y que la primera es comenzar en este momento a tomar las decisiones apropiadas y crear una vida digna de ser vivida.

La técnica que sugiero es mirarte en un espejo y decir en voz alta lo que realmente quieres crear para tu vida, para la gente que te rodea, para tus hijos... tu pareja. Te vas a ver en el espejo exactamente como es tu vida en este momento y luego empiezas a verte cómo quieres que tu vida sea en un futuro determinado. Mírate de pie, con confianza en ti mismo, y a la gente que te rodea precisamente de la forma en que quieres verlos en el futuro; ve a tus hijos que se gradúan de la universidad, ve a tu pareja amándote tal como quieres que el amor suceda entre los dos y dalo por hecho. Mírate a ti mismo en el futuro completamente feliz y con todos tus deseos cumplidos. Cuanto más vívidas se vean las imágenes en el espejo, más rápido se manifestarán. De hecho, se puede ver en el espejo la fecha futura en la que todos tus sueños se llevan a cabo. Mira y escucha los sonidos en tu cabeza de cómo va a sonar ese futuro perfecto que te hace feliz, escucha las palabras que tus hijos te dicen apreciándote por lo que has hecho por ellos, escucha a tu pareja que te dice cuánto amor siente por ti. Crea ese futuro en el espejo y sucederá.

Observa cómo tu propia imagen se transforma diciendo en voz alta las afirmaciones que has creado y cómo cuando te ves en el futuro tu sonrisa cambia y te sientes completamente diferente, como si ya hubieras logrado lo que declaraste. Aquí la CLAVE es y sentir que ya estás viviendo eso que ves en tu mente, obsérvalo como ya logrado, siéntelo como si ya lo estuvieras viviendo en la realidad, escucha a las personas felicitarte por tu nueva vida. La idea es practicar esta técnica cada mañana cuando te despiertes y estés listo para cepillarte los dientes. Ése es el momento perfecto, ya que probablemente estás frente al espejo. Si quieres, puedes escribir tus afirmaciones y pegarlas a un lado del espejo.

Ahora, cuanto más vívidas veas las imágenes de lo que quieres lograr, más rápido se harán realidad. Ve esas imágenes vívidas, ve el color de tu rostro iluminado y feliz, ve el color de las cosas a tu alrededor, escucha las palabras que estás diciendo y las que otras personas te dicen, escucha el sonido de tu hogar y el posible tráfico o la falta de él alrededor de tu casa, escucha las aves y el viento a través de las ramas de los árboles; escucha ahora cómo va a sonar todo lo que te rodea cuando ya estés viviendo esa vida digna de ser vivida. Míralo, escúchalo y siéntelo.

Sigue haciendo esta práctica hasta que suceda y luego sigue creando una mejor versión de tu vida cada día.

El tiempo es una ilusión y sucederá más rápido de lo que piensas.

Simplemente hazlo, dilo, mira, siéntelo y haz que suceda.

CAPÍTULO 10

Sólo Hazlo

Si yo puedo hacerlo, tú también puedes.

Hay un discurso fabuloso de Art Williams, un gran ejecutivo de seguros, en ese discurso Art cita: "Todo lo que puedes hacer, es todo lo que puedes hacer".

El Sr. Art Williams es quien en realidad dijo por primera vez "Sólo Hazlo". Esta frase se hizo famosa luego de ser utilizada por la fábrica de artículos deportivos Nike como "Solo Hazlo", en inglés "Just Do It".

Art se dio cuenta de que, si quieres algo, sólo tienes que hacerlo, sin excusas ni nada. Es una cuestión de elección, es simplemente hacerlo.

El Sr. Art cuenta la historia diciendo que cuando comenzó su negocio de seguros de vida escuchó durante dos años la palabra **no,** una y otra y otra vez. Sin embargo, siguió haciendo lo que él creía y sabía que un día funcionaría. Art siguió vendiendo seguros de vida y su recompensa llegó después de dos años cuando su empresa pagó por primera vez la prima de un seguro a los beneficiarios de una de las pólizas que él había vendido. Dice que sin el dinero del seguro, esa familia no habría podido pagar el funeral del fallecido. Fue entonces cuando se dio cuenta de que todos aquellos *no* que escuchó y a los que no les prestó atención, eran la misma razón por la que seguía vendiendo, tenía ganas de servir a otras personas y creía en él mismo, en su producto y en su compañía.

Cuando crees en ti mismo, sólo haces lo que hay en tu corazón y lo que te hace feliz, así que te animo a sólo hacerlo. Sólo hazlo, sólo hazlo, sólo hazlo y hazlo y hazlo y hazlo y hazlo y hazlo y hazlo hasta que logres lo que quieres como dijo Art Williams en su discurso de 1987 en la Convención Nacional de Radiotelevisión Religiosa. Puedes ver el discurso completo de Art Williams en internet en www.youtube.com

http://www.youtube.com/watch?v=acXGkGUrf4Q.

En ese discurso el Sr. Art anima a todas las personas de su equipo a que nunca digan que no pueden. En la vida real el Sr. Art puso un pequeño castigo a cualquiera de su empresa que dijera *"no puedo"*; él creía que si realmente quieres algo lo consigues. Entonces, ¿qué tanto o con cuántas ganas quieres realmente la felicidad en tu vida? Si realmente quieres felicidad, nunca vuelvas a decir que no puedes ser feliz. Comienza a creer en ti mismo y a creer que eres feliz sin darle más importancia de la que merece a todo lo que sucede a tu alrededor: lo que está pasando con la economía, lo que está sucediendo en tu hogar o lo que está sucediendo en tu trabajo.

Se feliz, sólo hazlo, sé tan feliz como deseas ser, sólo hazlo, hazlo y hazlo y hazlo y en cuanto lo hagas y lo sigas haciendo, te repitas que eres feliz y lo sigas repitiendo y repitiendo como Art Williams sugiere, sé feliz, sé feliz, sé feliz, sé feliz, sé feliz, sé feliz, sé feliz y hazlo y hazlo y hazlo y hazlo y hazlo y hazlo, sé feliz. Hay un dicho en inglés que dice así: "fíngelo hasta que lo logres".

El tema del que estoy escribiendo aquí es la elección de ser feliz. Por lo tanto, si realmente eliges ser feliz, lo único que tienes que hacer es simplemente hacerlo. ¡Se feliz! No importa lo que está pasando o sucediendo en este momento. Simplemente disponte a ser feliz.

Si después de todo lo que he dicho en este libro, sólo quieres una fórmula simple para la felicidad, aquí está la fórmula de **Thich Nhat Hanh**, un monje budista vietnamita y activista por la paz. Él dijo: "No hay un camino hacia la felicidad, la felicidad es el camino".

Hablando de disposición:
Aquí hay una palabra que vale la pena analizar, ¡disposición!
¿Qué significa para ti?
¿Qué entiendes cuando se usa la palabra disposición?
¿Qué disposición tienes para ser feliz?

Un amigo mío, Frank Iñiguez, escribió un libro titulado: "¿Qué Buscas?" y una de las frases que escribió dice: "Disposición es el milagro que causa la creación". Cuando leí esta declaración me di cuenta de lo importante y verdadera que es, así que si realmente tienes la disposición de ser feliz, crearás felicidad en tu vida.

La felicidad es un estado de disposición con respecto a ser feliz, si realmente, realmente, realmente quieres ser feliz, entonces debes tener una disposición inquebrantable de ser feliz y entonces fácilmente alcanzarás ese estado de felicidad que deseas en tu vida.

Todo tiene que ver con la elección, la disposición y el trabajo consciente a cada momento para mantener tu ego tranquilo y elegir la felicidad todo el tiempo. Es cierto que el ego querrá sacarte de tu felicidad y empezar a hacer un caos a tu alrededor para todo y por todo, entonces en esos momentos tendrás que elegir quién controlará la situación, tu ego o tu ser superior.

Cada logro en la vida tiene un grado de disposición, todo aquello que lleva tiempo para hacerse bien tiene inherente este concepto importante, disposición. Si logras darte cuenta de la importancia de este concepto y comienzas a hacer de la disposición un hábito, toda tu vida tendrá un cambio profundo. La disposición te hará alcanzar cualquier meta que establezcas, sé que cuando tengas la disposición adecuada lograrás todo lo que deseas, en este libro, estoy hablando de la elección de la felicidad, si se aplica el concepto de disposición para lograr la felicidad que quieres estoy seguro de que tendrás la felicidad deseada.

En Wikipedia definen la disposición de la siguiente manera: "La disposición es un hábito, una preparación, un estado de alerta o una tendencia a actuar de una manera determinada". Te invito a tener el hábito o la disposición de ser feliz todo el tiempo.

Cada mañana levántate y dite a ti mismo:

"Sí puedo, es fácil y Yo soy feliz". "Yo soy feliz porque quiero".

CAPÍTULO 11

Fácil de hacer, fácil de no hacer

Este capítulo es simple y el más corto de este libro, originalmente iba a ser el capítulo 4, sin embargo, es el penúltimo, ya que decidí reubicarlo justo antes del último capítulo: "Un año de felicidad a través de afirmaciones".

Es el capítulo más corto porque va al grano, si haces lo que aquí sugiero, alcanzarás la felicidad que tú y todo el mundo busca, además lo harás de una manera sencilla y fácil.

> *"El primer deber de todos los seres humanos es ser felices, el segundo, es hacer felices a los demás".*
>
> *Mario Moreno "Cantinflas"*

El título del capítulo es: Fácil de hacer, Fácil de no hacer. Este concepto lo aprendí de uno de los libros que para mí es uno de los mejores que he leído: The Slight Edge de Jeff Olson, donde se explica el concepto en detalle y dice que la mayoría de las cosas que crean felicidad, salud, riqueza y todas las otras cosas grandes y buenas que deseamos de la vida, son realmente fácil de hacer y fácil de no hacer. Pensando en el valioso concepto de estas palabras he llamado así este capítulo: "Fácil de hacer, Fácil de no hacer", porque lograr la felicidad es así, fácil de ser feliz o fácil de no ser feliz, es tu elección la que hace la diferencia.

De esta manera, cualquier cosa que hagas o no hagas aumentará de forma sorprendente los resultados positivos, si lo haces; o los resultados negativos, si no lo haces. Y si la felicidad es de lo que estamos hablando en este capítulo, después de unos días, meses o años, de practicar el ser feliz, serás la persona más feliz en la tierra: si no practicas diariamente la decisión de ser feliz, entonces podrás llegar a ser miserable y sólo tendrá que ver con tu elección de ser feliz o no serlo en cada momento de tu vida, Fácil de hacer, Fácil de no hacer. La elección es tuya, te sugiero que leas el libro de Jeff Olson, The Slight Edge, y analices el concepto que este autor describe.

Lo que tienes que hacer es simplemente "hacerlo", sé feliz. Un dato curioso, recuerdas la frase "Hakuna Matata", es una frase en Swahili y significa "no te preocupes". Si viste la película "El Rey León", de Disney, hay una pieza cantada por tres personajes; Timon (un suricata o suricato, « gato de roca») personificado por Nathan Lane), Pumbaa (un jabalí personificado por Ernie Sabella), y Simba, un león joven interpretado por Jason Weaver. El musical fue escrito por Elton John y las letras de Tim Rice. Y el punto de la canción es ser feliz, pase lo que pase, no tener preocupaciones, vivir en el ahora y disfrutar todo el tiempo. Sólo hazlo.

Hay un libro escrito por el Dr. Wayne Dyer, con el título: "Regalos de Eykis". El Dr. Dyer platicó en una ocasión que el título original iba a ser: "Si quieres ser feliz, salte de Urano" (La traducción tiene doble sentido en el idioma inglés, al inferir "salte de Urano", la traducción de doble sentido sería "salte de tu ano". Eventualmente al terminar de escribir libro, acaba con un mensaje impactante y por tal razón el Dr. Dyer terminó nombrando el libro: "Regalos de Eykis." Te recomiendo que leas esta obra. Hay una charla del Dr. Dyer sobre su libro y la puedes ver en el siguiente enlace de internet: www.youtube.com/watch?v=j36m6JfywPg

En su libro el Dr. Dyer hace una parodia acerca de las personas que tienen ataques de ansiedad y cómo un extraterrestre del planeta Urano al visitar la Tierra descubre que aunque ambos planetas son casi iguales, en Urano, la ansiedad realmente ataca. Y no sucede igual en la Tierra donde la ansiedad es sólo una percepción de nuestro ego.

La ansiedad, el temor, las preocupaciones y todas las falsas percepciones que parecen reales, son sólo creaciones de nuestro ego que pueden desaparecer como dice el Dr. Dyer, "simplemente tan fácil como tronar los dedos y decidir hacerlo", así que te invito a sólo hacerlo.

Si en cualquier momento crees que no puedes, sólo mira los videos de YouTube que te he sugerido y trae ese estado de felicidad con un chasquido de tus dedos, sólo hazlo.

Otra sugerencia es que veas en YouTube la terapia que da un psiquiatra, el mejor doctor que yo haya visto y que sana a sus pacientes efectivamente y rápido. (Por supuesto es una parodia).

Este psiquiatra cura a las personas en una sola visita a su oficina. Te recomiendo que sigas sus consejos, y si lo haces, te ayudará a ser feliz en cualquier momento, te alegrarás y te curará fácilmente de las preocupaciones, del miedo y la ansiedad. Aquí hay un enlace para el video en YouTube:

https://www.youtube.com/watch?v=EAlWBhohDp4

Sólo hazlo, sé feliz, realmente es fácil de hacer.

Ahora sigue un año de felicidad a través de afirmaciones que te comparto en el último capítulo. Mis mejores deseos para ti y te deseo una vida feliz para siempre. Mi amor y mi corazón lleno de felicidad van para que cada ser humano que lee este libro, al que deseo inmensamente ¡feliz sea!

CAPÍTULO 12

Un Año de Felicidad en afirmaciones

Aquí 365 afirmaciones para ser feliz, una para cada día del año, creando así un nuevo programa en tu mente subconsciente a base de repetición, tal como aprendiste las tablas de multiplicar. Esta es una forma de programar la mente con una actitud feliz, después de 30 días de repetir pensamientos felices la mente subconsciente será programada con la felicidad; por lo tanto será más fácil elegir ser feliz.

1.- "Yo elijo ser feliz hoy", si el concepto es demasiado difícil para que lo aceptes, modifícalo a "Yo elijo ser feliz" para el próximo minuto, luego los próximos 5 minutos y así puedes seguir aumentando la cantidad de minutos hasta que puedas creer que puedes ser feliz por una hora, eventualmente tus pequeños éxitos crearán un programa en tu mente subconsciente que te ayudará a creer que tienes éxito en cualquier cosa.

2.- "Yo vivo en el ahora y en este momento yo elijo sentirme feliz".

3.- Mi felicidad viene de adentro de mí.

4.- No es lo que está sucediendo a mi alrededor lo que me hace feliz, es cómo yo interpreto lo que sucede ahora.

5.- Creo que puedo elegir ser feliz en cualquier momento.

6.- Mis creencias me hacen feliz.

7.- Todo lo que sucede hoy me hace sentir feliz.

8.- Estoy inoculado con el virus de la felicidad, VDLF, un gran meme al que le doy la bienvenida en mi mente.

9.- Me enfoco en la felicidad y la felicidad se refleja en mi vida porque yo atraigo la felicidad.

10.- El único sentimiento en mí es la felicidad, es mi forma natural de ser, la forma en que fui creado por la inteligencia infinita.

11.- El Paraíso está aquí y ahora y el paraíso fue originalmente creado para que yo sea feliz.

12.- Al compartir mi felicidad creo un mundo de gente feliz a mi alrededor.

13.- La palabra felicidad suena como música divina en mis oídos.

14.- Soy consciente de mis opciones para ser feliz.

15.- Sí, estoy feliz ahora.

16.- Hoy mis sentimientos son sentimientos felices.

17.- Creo un día feliz hoy y sólo hoy y cada nuevo día.

18.- Me encanta mi vida feliz.

19.- Soy responsable de sentirme feliz.

20.- Mis elecciones de hoy crearán un sentimiento feliz todo el día.

21.- Tengo éxito en ser feliz hoy.

22.- Es fácil para mí ser feliz.

23.- Hoy mis opciones crean momentos felices todo el día.

24.- Soy responsable de mis pensamientos felices y mis elecciones felices.

25.- Mi apodo es: "feliz".

26.- Veo gente feliz a mí alrededor todo el tiempo.

27.- Los pensamientos felices vienen a mi mente fácilmente.

28.- Creo momentos felices todo el día.

29.- Yo estoy a cargo de mis pensamientos y son pensamientos felices.

30.- Atraigo a gente feliz.

31.- La felicidad me rodea todo el tiempo.

32.- Vivo en un lugar feliz.

33.- Lo que pase hoy a mi alrededor no tiene nada que ver con mis sentimientos de felicidad.

34.- Yo irradio felicidad y la gente con la que me encuentro hoy quiere ser parte de la felicidad que irradio.

35.- Aumento mi felicidad día a día.

36.- Los pensamientos felices son muy fáciles para mí hoy.

37.- Una sonrisa en mi cara, no significa ausencia de problemas, sino la capacidad de ser feliz, a pesar de cualquier problema.

38.- Estoy contento y feliz porque puedo.

39.- Estoy feliz ahora y siempre.

40.- Soy feliz, no importa qué pase a mi alrededor.

41.- Hoy y cada día me vuelvo más feliz y más feliz.

42.- La felicidad es una bendición en todo momento.

43.- Soy feliz y me siento feliz en cualquier momento que yo elija.

44.- Soy consciente de mi felicidad y de mis sentimientos todo el tiempo.

45.- Ser feliz es fabuloso y me siento feliz ahora.

46.- La felicidad vive en mí.

47.- Soy la personificación de la felicidad.

48.- Soy feliz, feliz, feliz todo el día.

49.- Me encanta ser feliz.

50.- Mi felicidad hace que mi día sea impresionante y mi vida valga la pena.

51.- Es muy fácil ser feliz todo el tiempo.

52.- Hoy es mi día de plena felicidad.

53.- Ahora me doy cuenta de lo fácil que es ser feliz todo el tiempo.

54.- Me gusta el sentimiento que provoca en mí la felicidad.

55.- Sé que soy un ser hecho de amor y felicidad.

56.- Yo fui creado para ser feliz, por lo tanto, ahora estoy feliz.

57.- Soy creado por el amor y el amor es la felicidad, así que soy la personificación de la felicidad ahora.

58.- Hoy soy yo y Yo Soy amor y soy feliz.

59.- Hoy es un día más feliz que ayer.

60.- Hoy disfruto de la sensación de ser feliz.

61.- Cada día y a todas partes que voy soy más feliz y más feliz.

62.- Hoy todas las personas que encuentro y saludo son gente que hago feliz con mi sonrisa.

63.- Encontrar la felicidad es muy fácil, encuentro gente feliz todo el tiempo y me gusta.

64.- Mi felicidad viene de mi interior.

65.- Yo irradio felicidad y otras personas lo notan y se sienten felices.

66.- Mi felicidad es contagiosa y ayudo a hacer feliz a la gente.

67.- Lo que doy recibo, por eso doy felicidad con mis sonrisas y mi actitud.

68.- Yo soy simplemente la felicidad.

69.- La energía de Dios mora en mí y esta energía es pura felicidad.

70.- Acepto en mí la cualidad de Dios, que es amor, y eso me hace feliz.

71.- Ser feliz es más fácil que estar en otro estado de ánimo.

72.- Cuanto más feliz, más disfruto la vida.

73.- La felicidad es una elección y es una elección fácil.

74.- Mis imperfecciones me hacen feliz.

75.- Cuanto más me conozco, más feliz me vuelvo.

76.- Cuanto más doy de mí, más feliz soy.

77.- Cuando estoy con otros es más fácil y más fácil ser feliz.

78.- Cuando ayudo a otros, me siento más feliz y feliz, por eso me gusta ayudar a otros.

79.- Cuando cambio de actitud, aumenta mi felicidad.

80.- Cada día aumento mi felicidad porque creo que puedo.

81.- Acabo de encontrar que dar de mí me hace más feliz.

82.- Una sonrisa en mi cara hace feliz a la gente y yo me pongo más feliz.

83.- Cuando ayudo a otros, me siento feliz. Quiero ayudar a muchas personas a que sean felices.

84.- Dar es recibir y eso me hace feliz.

85.- A medida que aprendo a ser feliz, más personas a mi alrededor son más felices.

86.- La vida sencilla me hace feliz.

87.- Los árboles, las flores y la naturaleza me hacen feliz.

88.- La ciudad, el pavimento y los edificios me hacen feliz.

89.- Cuando veo una planta crecer, veo la vida, y es entonces cuando la alegría y felicidad inundan mi ser, porque decido que así sea.

90.- Amo a todos y a todo, pues cuando lo hago, la felicidad viene a mí.

91.- Estoy rodeado de pensamientos felices.

92.- Feliz es mi nombre.

93.- Me encanta ser feliz todo el tiempo.

94.- Lo fácil es ser feliz.

95.- La felicidad se derrama por cada poro de mi piel.

96.- Dios me hizo feliz y cuando decido no ser feliz, estoy escogiendo no escuchar a Dios.

97.- Las circunstancias no dictan mi felicidad, yo lo hago.

98.- Mi pasado no determina mi futura felicidad.

99.- La vida es como un cubo de Rubik, parece todo revuelto y mi felicidad está en poner cada lado de un color, y cuando lo hago, empiezo de nuevo creando felicidad todo el tiempo.

100.- Estoy feliz porque hoy tengo 100 afirmaciones de felicidad con las que puedo practicar.

101.- Espero otras 100 afirmaciones de felicidad en los próximos 100 días y eso me hace feliz.

102.- Ahora entiendo que ser feliz es completamente mi elección.

103.- Cada día mis opciones de ser feliz son más fáciles y más fáciles.

104.- La circunstancias suceden y es fácil ser feliz en cualquier circunstancia.

105.- Estoy aceptando la felicidad todo el tiempo.

106.- Mi estado de felicidad es mi conciencia de alegría constante.

107.- Soy la personificación del amor, alegría y felicidad.

108.- Cuanto más feliz soy, irradio mi felicidad, haciendo feliz a la gente que me rodea.

109.- Con mi elección de ser feliz estoy contribuyendo a la consciencia colectiva de la felicidad en el mundo.

110.- Veo la posibilidad de que toda la gente sea feliz y eso me hace feliz.

111.- Hoy decido que el número 111 es el número feliz, busco y encuentro a tres personas felices que harán feliz a otras 111 personas.

112.- Doy felicidad a la gente y les convenzo de que son felices todo el tiempo porque eso eligen.

113.- Cuando contribuyo para hacer feliz a más gente, me vuelvo más feliz.

114.- Es muy fácil hacer que la gente sea feliz.

115.- Cada vez más personas me ven feliz y son felices, yo contagio la felicidad.

116.- Las cosas simples me hacen feliz todo el tiempo.

117.- Siento la felicidad surgiendo a través de mi ser.

118.- Si fui creado a imagen y semejanza de Dios y Dios es feliz, entonces soy feliz.

119.- La felicidad es mi estado natural de ser.

120.- Siento alegría y exalto alegría y la gente a mi alrededor se vuelve feliz y alegre.

121.- Mi felicidad es contagiosa, por lo tanto soy responsable de ser feliz para que otros puedan ser felices.

122.- Me doy cuenta de que la felicidad viene de dentro y no de las cosas materiales.

123.- El sentimiento de amor me trae felicidad, elijo amar a todos y a todo para poder sentirme más feliz.

124.- Recuerdo momentos felices de mi pasado y eso me hace feliz.

125.- Puedo elegir sentirme triste o feliz y ser feliz es mucho mejor, así que elijo sentirme feliz.

126.- Comparto mi felicidad con todos los que conozco hoy, así que soy consciente de ser feliz todo el tiempo.

127.- La felicidad implacable me rodea todo el tiempo.

128.- La vida es una expresión de alegría y felicidad, sólo mira a tu alrededor y ve eventos felices.

129.- A donde sea que miro, veo personas felices y acontecimientos y sucesos felices.

130.- Si en un lado de mi vida hay algo que no me gusta, me vuelvo hacia el otro lado donde la felicidad me está esperando.

131.- Cuanto más veo la felicidad, más encuentro felicidad.

132.- La gente feliz se siente atraída hacia mí, ya que yo irradio felicidad todo el tiempo.

133.- Lo que doy recibo, así que hoy elijo dar mi mejor cara feliz.

134.- Para mí, ser feliz es fácil, sólo recuerdo cuando era feliz en mi pasado.

135.- Envío pensamientos felices a mi futuro, así que cuando llegue ahí, seré feliz.

136.- Recordar momentos felices de mi pasado, me hace feliz ahora, por eso decido mantenerme recordando momentos felices siempre.

137.- Cuando estoy feliz, genero endorfinas en mi cuerpo y el efecto me hace más feliz.

138.- Amor, alegría y felicidad están dentro de mí todo el tiempo, lo veo y lo siento.

139.- La felicidad es un sentimiento que puedo generar con solo desearlo cada vez que quiera.

140.- No hay mejor opción que ser feliz todo el tiempo

141.- Yo planté en mi cerebro la idea de ser feliz siempre.

142.- Yo domino el ser feliz por elección.

143.- Soy consciente de que soy feliz por elección.

144.- Estoy dispuesto a hacer lo mejor que pueda para ser feliz hoy.

145.- Hoy el deseo que cumplo es ser feliz.

146.- Acabo de darme cuenta de que puedo ser feliz sin beber ningún tipo de alcohol.

147.- Todo lo que hago me trae felicidad hoy.

148.- Elijo trabajar en algo que me hace feliz hoy.

149.- Sé que si hago feliz a otras personas, yo me siento feliz

150.- Veo sólo felicidad a mi alrededor, todo lo que veo me hace feliz porque quiero que así sea, desde una flor, una piedra y hasta la gente que encuentro el día de hoy.

151.- Los niños están contentos con algo nuevo, hoy elijo ver cosas nuevas que me hacen feliz.

152.- Cuando me siento como un niño, soy feliz todo el tiempo, así que elijo ser como un niño.

153.- Pensando en alguien a quien amo, me siento feliz, elijo pensar en la gente que amo para sentirme más feliz.

154.- Veo alegría y felicidad a mi alrededor todo el tiempo, me identifico con la felicidad.

155.- Las palabras pueden traer felicidad, elijo las palabras que me hacen feliz.

156.- Confiar en los demás me hace feliz, confío en la vida y toda la gente que me rodea.

157.- Yo respiro la felicidad y la felicidad me respira a mí, la felicidad y yo somos uno.

158.- Deseo felicidad a todos y la felicidad me viene de dentro.

159.- Mi esencia celestial es pura felicidad.

160.- El propósito de mi creación es ser feliz, por lo tanto, acepto la felicidad con la que fui creado.

161.- Yo vibro felicidad y manifiesto felicidad.

162.- Es mi deseo servir a otros y dar felicidad a todos los que encuentro en mi camino.

163.- Yo soy responsable de mi felicidad y tomo la responsabilidad de que la gente que encuentro aumente su felicidad.

164.- Mis palabras son de felicidad y decirlas en voz alta crea felicidad en los demás.

165.- Mi poder consiste en ser feliz, soy poderoso porque soy muy feliz.

166.- La felicidad es como un fruto, madura con mis pensamientos.

167.- Cuando me siento uno con Dios, me siento feliz.

168.- La felicidad puede lograrse quitando las capas de la tristeza.

169.- Puedo esperar para ser feliz algún día, sin embargo, yo elijo ser feliz ahora.

170.- Le doy un mensaje de alegría y felicidad a todos los que me encuentro y eso me hace feliz.

171.- No hay explicación de mi felicidad, sólo estoy feliz sin razón.

172.- El sentido de la vida es ser feliz, así que ¿qué estoy esperando? Ahora soy feliz.

173.- No hay nada que explicar o comprender para ser feliz, sólo es el decidir ser feliz.

174.- La mejor manera de vivir es ser feliz, así que soy feliz sin razón alguna.

175.- Cuando soy feliz exudo la felicidad y todo el mundo la siente y la ama.

176.- La felicidad es el estado natural de la vida, estoy en el paraíso, el estar en el paraíso significa ser feliz todo el tiempo, por lo tanto, elijo ver el paraíso expresándose a mi alrededor todo el tiempo.

177.- Estamos eligiendo todo el tiempo. Yo elijo la felicidad.

178.- Hoy estoy tan feliz y es tan fácil ser feliz.

179.- Mi felicidad es mi credo y mi lema, esparzo la felicidad a mi alrededor.

180.- Gracias a Dios por dejarme ser una expresión de felicidad para todos los seres humanos.

181.- Cuando me siento feliz, soy como un generador de felicidad universal.

182.- Mi felicidad hace feliz a los demás y es contagiosa.

183.- Ser agradecido me hace feliz, estoy agradecido por mi vida, mis amigos, mis padres, mis hijos y mi pareja.

184.- Me doy cuenta de que vivir en el pasado o en el futuro me pone ansioso, por lo tanto, decido vivir en el ahora donde puedo ser feliz.

185.- Cuando elijo amar mi vida, ser feliz es fácil.

186.- Si no amo lo que hago para vivir, puedo elegir cambiarlo y hacer una vida digna de ser vivida que me haga feliz.

187.- Las cosas no me hacen feliz, me doy cuenta de que la felicidad viene de dentro de mí.

188.- Cuando veo las cosas de una manera diferente, las cosas mismas cambian, así que tengo el poder de cambiar todo lo que veo, cosas felices y finales felices.

189.- Mis creencias crean mi entorno, mis creencias son pensamientos felices que crean momentos felices.

190.- Es tan fácil ser feliz: así que elijo ser feliz.

191.- Mis elecciones son contagiosas y otras personas hacen lo mismo, así que elijo ser feliz para que más gente esté feliz conmigo.

192.- Es tan fácil ser feliz, es sólo una elección y una elección fácil.

193.- La calidad de mis decisiones determina la calidad de mi vida, elijo pensamientos felices para poder tener un futuro feliz.

194.- La felicidad y la alegría es una vibración del espíritu, mi espíritu es el espíritu de Dios y su vibración es alegría y felicidad, por lo tanto, yo soy felicidad y alegría.

195.- El misterio de la felicidad está dentro de mí, descubro lo fácil que es ser feliz.

196.- Mi ser espiritual expresa felicidad todo el tiempo.

197.- El Yo Soy dentro de mí, es el Yo Soy que habló a Moisés en las zarzas ardientes, y el Yo Soy es pura felicidad, así que el Yo Soy se expresa a través de mí como la felicidad.

198.- Tengo la felicidad que siempre soñé haciendo mis sueños realidad.

199.- La vida estaba destinada a ser vivida en alegría y felicidad, obedezco la ley de la felicidad al ser feliz ahora.

200.- Puedo pensar pensamientos felices ahora y todo el tiempo.

201.- Mi vida está llena de alegría y felicidad siempre.

202.- La vibración de la felicidad es la vibración que me gusta, yo sintonizo mi cuerpo en la vibración de alegría y felicidad, ya que mi cuerpo es como una radio sintonizando la felicidad ahora.

203.- Mi corazón irradia felicidad para todos y recibe felicidad de todos.

204.- El centro de mi ser es feliz y mi centro es el centro de un universo feliz.

205.- No hay bien ni mal, son sólo etiquetas que ponemos en las cosas, ahora me doy cuenta de que la felicidad es el centro de todo lo que yo pienso.

206.- Mi felicidad no depende de los demás ni de las cosas externas, la felicidad es el estado natural de mi ser.

207.- Cuando estoy separado de mi yo superior, me separo de la felicidad, así que elijo volver a mi ser superior y volver a la felicidad.

208.- Yo soy la felicidad, alegría y amor.

209.- Me encanta ser feliz y es adictivo.

210.- La esencia de mi ser es la felicidad pura.

211.- Mi felicidad viene de dentro de mí; de mi yo superior que es Dios mismo.

212.- Cuando me doy cuenta de quién soy, es tan fácil ser feliz y creativo como el universo.

213.- Sólo hay una forma de ser y esa manera es ser feliz, lo demás son sólo excusas.

214.- Mi felicidad es la felicidad de Dios.

215.- Estoy prosperando en felicidad y alegría todo el tiempo.

216.- Mi felicidad alimenta al universo con más felicidad, soy un generador de felicidad para el universo.

217.- Soy consciente de mi papel en el universo, por lo tanto, cumplo mi papel siendo feliz todo el tiempo y eso es lo que genera la energía de alegría y felicidad a mi alrededor, soy uno con el Universo.

218.- Mis pensamientos amorosos traen alegría y felicidad a mi mente.

219.- Mis reacciones a los acontecimientos de mi vida son los resultados de los programas en mi mente. Si entiendo eso, puedo cambiar mis reacciones negativas a reacciones de amor, las cuales traerán felicidad a mi vida.

220.- Elijo cambiar los programas que me hacen sentir infeliz por nuevas formas de pensar que traen alegría y felicidad a mi vida todos los días.

221.- Mi vida está dirigida por alegría y felicidad, yo elijo ser feliz.

222.- Cuando mi mente está llena de pensamientos felices, no hay espacio para ningún otro tipo de pensamiento.

223.- Me siento alegre y feliz ahora y todo el tiempo y lo hago por elección.

224.- Yo soy la fuente, yo soy el que elige, yo elijo la felicidad siempre, soy la felicidad encarnada.

225.- Mi ser es felicidad, mi cuerpo es feliz, mi mente es feliz, Yo Soy feliz.

226.- Ir a través de la vida puede ser un desafío, la felicidad es un desafío y yo supero los desafíos siendo feliz.

227.- Ahora me doy cuenta de que es muy fácil ser feliz, es sólo una elección.

228.- Yo doy órdenes de felicidad en mi vida todo el tiempo.

229.- Yo Soy el creador y generador de alegría y felicidad en mi vida.

230.- Grito y grito fuerte y eso crea endorfinas que me hacen feliz.

231.- Mi vida es impresionante porque así la he creado y es porque ha sido una decisión y eso me hace feliz y agradecido.

232.- No estaba contento hasta que me di cuenta de que es una bendición estar vivo, ahora estoy feliz porque estoy agradecido.

233.- Mis pensamientos determinan mis sentimientos, si controlo mis pensamientos, puedo controlar mis sentimientos, por eso elijo pensar en ser feliz.

234.- Cuando me veo en el espejo puedo ver que no soy lo que pienso de mí, así que si no soy lo que pienso de mí, ¿qué soy? Soy lo que soy. Y Yo Soy todo lo que hay. Soy feliz, soy el creador de mi vida.

235.- El ego es la causa de la infelicidad, elijo que mi ser superior administre mi vida y la lleve a ser feliz.

236.- Yo estaba destinado a ser feliz, por lo tanto yo soy feliz.

237.- Mi naturaleza es la felicidad, honro mi naturaleza siendo feliz todo el tiempo.

238.- Me gusta la felicidad, por lo que elijo ser feliz una vez más.

239.- La felicidad es mi naturaleza y la difundo a otros para despertarlos a la felicidad que ya tienen dentro de ellos.

240.- Mi alegría es tu alegría, mi felicidad es tu felicidad. Estoy feliz por aquellos a los que puedo ayudar a ser feliz.

241.- Mi felicidad te trae felicidad a ti y a todo el mundo.

242.- Yo puedo ayudar a crear felicidad en el mundo, así que elijo la felicidad todo el tiempo para difundir la felicidad infinita.

243.- Cada vez que pienso que mi felicidad es tu felicidad me pongo más feliz.

244.- Me gusta tanto tu felicidad que estoy feliz por ti y eso hace y crea felicidad para los demás.

245.- Enviar felicidad a los demás me hace feliz y hace circular la energía de la felicidad sin límites.

246.- Mis pensamientos de alegría y felicidad son los generadores y dínamos de más alegría y felicidad en los demás.

247.- Ser feliz es sólo una idea. Te invito a que pienses ideas felices y luego veas los resultados.

248.- Tengo amor dentro de mí y pensamientos amorosos que me hacen feliz.

249.- El amor es una energía universal, estoy hecho de amor, amor entre mis padres y amor del universo. El amor es alegría y felicidad, por lo tanto, Yo Soy alegría y felicidad.

250.- Todas las personas que conozco hoy me sonríen y son amables conmigo, eso me hace feliz.

251.- Hoy decido ser consciente de mis opciones y mis opciones me hacen sentir feliz.

252.- Hoy doy sonrisas y amor a cada persona a la que hablo, y recibo doble energía de amor, alegría y felicidad.

253.- Estoy contento y contagio mi alegría.

254.- Digo palabras amables a la gente todo el tiempo y eso hace una diferencia en la actitud de las personas que conozco, estoy viviendo una vida que vale la pena ser vivida y eso sucede sólo por las palabras amables que digo y que hacen feliz a la gente.

255.- Por ser feliz estoy contribuyendo a un mundo feliz, ayudando a crear conciencia de alegría y felicidad.

256.- Hago una diferencia en la alegría y la felicidad de los demás, solo porque yo soy feliz y mi felicidad se contagia.

257.- Es muy fácil ser feliz, sólo pienso en pensamientos felices y sonrío.

258.- Elijo crear una visión positiva de cualquier evento que suceda en mi vida y eso me hace feliz.

259.- Me siento feliz cuando recuerdo a mis seres queridos, estos pensamientos los envío a mis seres queridos y ellos se sienten felices también.

260.- Soy consciente de que estoy vivo y eso me hace sentir feliz.

261.- Estoy respirando y siento la vida en mi cuerpo, estoy agradecido por mi vida y eso me hace feliz.

262.- Me rindo al sentimiento de felicidad, abrazo la felicidad en el amor.

263.- Mis palabras y mis afirmaciones crean felicidad a mi alrededor todo el tiempo.

264.- Soy consciente de traer felicidad a mi vida cotidiana.

265.- Mis ojos ven la felicidad todo el tiempo, por lo tanto, me siento feliz todo el día.

266.- Estoy enamorado de la posibilidad de ser feliz ahora.

267.- Yo y mi felicidad somos uno, me siento feliz y estoy feliz.

268.- Creo que ahora estoy feliz.

269.- Cada célula de mi cuerpo es feliz y saludable, por lo tanto, soy feliz y saludable.

270.- Soy perfecto como soy y eso me hace feliz, mi imperfección es perfecta en el reino del universo.

271.- Soy feliz porque me doy cuenta de que tengo todas las cualidades del Creador, Yo Soy amor, Yo Soy creativo, Yo Soy energía, Yo Soy luz, Yo Soy generoso.

272.- Yo Soy un dador y eso me hace feliz, doy amor, doy mi tiempo, doy mi presencia, me doy tal como soy.

273.- Deseo ser feliz y por eso pienso y creo ideas que me hacen feliz ahora.

274.- Recibo sonrisas y amabilidad de todas las personas que encuentro en mi camino y eso me hace feliz.

275.- Soy capaz de ayudar a hacer un mundo mejor y eso me hace feliz.

276.- Mi pasado no determina mi futuro, puedo crear un futuro lleno de felicidad.

277.- Estoy feliz ahora porque lo que ha sucedido antes, no tiene poder sobre mi presente.

278.- Mi gran libertad es mi habilidad para crear por elección mi propia felicidad.

279.- Hoy soy feliz y repito estas palabras todos los días de mi vida.

280.- Me doy cuenta de que siempre hay una parte de mí que siempre está feliz.

281.- Mi verdadero valor radica en mi capacidad de elegir la felicidad sobre cualquier otra cosa.

282.- Estoy ayudando a alguien hoy y eso me hace feliz.

283.- Cada pequeño esfuerzo por ser feliz se basa en el siguiente, así que poco a poco soy más y más feliz.

284.- Creo en mí mismo y en mi capacidad de ser feliz ahora.

285.- Mi vida es para ser disfrutada y mi propósito hoy es ser feliz.

286.- Como una oruga escondida en un capullo, ahora rompo mi prisión y extiendo mis alas de mariposa a alegría y felicidad.

287.- Estoy vivo para contar mis bendiciones y eso me hace feliz.

288.- Estoy en un estado de felicidad al darme cuenta de que ya soy feliz.

289.- Estoy tan feliz como si hoy fuera mi último día.

290.- Mis pensamientos crean mi felicidad, momento a momento.

291.- Una elección y otra elección, una por una, me hacen más feliz cada día.

292.- Si puedo compartir mi felicidad con una persona cada día, estoy ayudando a crear un mundo mejor.

293.- Estoy avanzando con felicidad, en lugar de ser detenido por mis falsas percepciones.

294.- Me gusta la libertad y la libertad me hace feliz.

295.- Mantengo relaciones saludables y creo felicidad para mí mismo. El hecho de ser feliz, hace felices a los demás porque soy felizmente contagioso.

296.- Veo cosas maravillosas a mi alrededor todo el tiempo y doy gracias por mi capacidad de verlas como maravillosas y bellas, esta percepción crea alegría y felicidad.

297.- Soy responsable de lo que siento y decido sentirme feliz ahora.

298.- Soy una expresión de la creación de Dios y como tal soy perfecto y soy feliz.

299.- Soy una expresión personalizada de la Divinidad, sólo pensar en ello me hace feliz.

300.- Elijo vivir y sentir el ahora y ahora soy feliz, no vivo en el pasado ni en el futuro y mi ahora es perfectamente feliz.

301.- Sólo el pensamiento de la posibilidad de ser feliz me hace feliz ahora, creo mi propia felicidad pensando momentos felices.

302.- Creo un nuevo propósito para mi vida y este nuevo propósito es ser feliz todos los días.

303.- Me siento bien y completo cuando estoy feliz, y ya que la felicidad es una elección, elijo ser feliz ahora.

304.- Mi felicidad está en mi mente y ordeno que mi mente sea feliz ahora.

305.- Pongo mi conciencia en la felicidad y creo la felicidad sólo por puro deseo de ser feliz.

306.- YO SOY EL QUE YO SOY y lo que soy es eterno y el pensamiento de ser eterno me hace feliz, sabiendo que nada puede dañarme.

307.- Yo Soy el pensador detrás de mis pensamientos y el pensador es eternamente feliz: Yo Soy feliz.

308.- Sueño despierto en pensamientos felices y creo un reino de felicidad ahora.

309.- Puedo crear éxtasis dentro de mí, pensar es crear y yo creo felicidad siempre.

310.- Soy espíritu y estoy inspirado para crear felicidad, me inspiro solo he inspiro a otros a ser felices ahora.

311.- La vida revela felicidad a mi alrededor, veo gente feliz, animales felices y plantas felices, todo mi mundo es feliz.

312.- Mi expresión exterior está llena de alegría y felicidad y atraigo a personas felices y eventos felices a mi vida.

313.- Todo lo que experimento es una expresión de mis deseos, puedo elegir experimentar la felicidad, que es mejor que cualquier otra cosa.

314.- Elijo rechazar cualquier cosa que no me haga feliz.

315.- La felicidad me resulta natural y fácil.

316.- Cuando elijo el amor sobre cualquier otra cosa, me siento feliz.

317.- Elijo la compasión en vez de la ira, elijo la felicidad en lugar de sufrir.

318.- Mi disciplina me paga con la capacidad de elegir como me siento, cada día es más fácil y más fácil ser feliz.

319.- Planto pensamientos felices en mi cerebro y estos pensamientos felices crecen como hermosos árboles de alegría.

320.- Sé que mi mente subconsciente maneja todas las funciones de mi cuerpo como el sistema circulatorio y el sistema digestivo; ahora doy órdenes a mi mente subconsciente para manejar mi estado de alegría y felicidad de una manera perfecta.

321.- La felicidad es una idea divina y la hago mía, así que soy feliz todo el tiempo.

322.- Nací y quise ser feliz. Mi único propósito en la vida es hacer feliz a los demás y eso a la vez me hace feliz.

323.- Para poder enseñar felicidad, primero aprendo a ser feliz. Yo Soy un maestro de alegría y felicidad.

324.- Mi cuerpo reclama felicidad, mi cuerpo goza de felicidad, doy nutrición y felicidad a mi cuerpo.

325.- Amo ser feliz.

326.- Creo que la felicidad y mis pensamientos se hacen realidad.

327.- Me prometo cada mañana pase lo que pase ser feliz durante el día.

328.- Cuando tengo pensamientos felices, atraigo momentos felices.

329.- Soy una encarnación de la energía de alegría y felicidad.

330.- Cada célula de mi cuerpo funciona mejor cuando estoy feliz, envío pensamientos felices a todas las células de mi cuerpo.

331.- La energía que emana mi cuerpo es pura alegría y felicidad.

332.- Soy un generador de felicidad y todas las personas a mi alrededor lo sienten.

333.- Hoy envío felicidad a todas las personas que me rodean y ellos, a su vez, reflejan esa felicidad en todas las personas con las que se encuentran hoy.

334.- La felicidad se está reproduciendo todo el tiempo a mi alrededor y la gente responde según los sentimientos que les envío.

335.- Yo soy una persona más cariñosa y feliz cada día y expreso esa felicidad con todos los que me encuentro hoy.

336.- Creo felicidad desde dentro y doy mi felicidad a todos, cuanto más doy felicidad, más feliz soy.

337.- Mi vida es más fácil y más suave cuando estoy feliz, entonces elijo ser feliz todo el tiempo.

338.- Solía soñar con ser feliz, ahora soy un soñador feliz.

339.- Yo guardo la felicidad en cada célula de mi cuerpo y estoy lleno de pensamientos felices exudando felicidad todo el tiempo.

340.- Mi nombre es gozo, mi apellido es feliz.

341.- Ahora estoy acostumbrado a ser feliz, por lo tanto, exudo felicidad y alegría.

342.- Por ahora mi creencia de alegría y felicidad es tan fuerte, que la gente lo siente, y a su vez, se sienten felices en mi presencia.

343.- Mi conducta y mis acciones hablan más fuerte que mis palabras y yo irradio felicidad sin decirlo.

344.- La felicidad es el pan y el vino de la vida, yo vivo con la energía de la felicidad.

345.- Hablo, siento e irradio felicidad donde quiera que voy.

346.- Mi vida está llena de alegría, amor y felicidad ahora.

347.- Mis pensamientos crean mi realidad, por lo tanto elijo pensar momentos felices.

348.- Yo Soy el maestro de mi vida, el comandante de mis pensamientos y comportamiento, por eso doy la orden de ser feliz ahora.

349.- Mis resultados se basan en mis pensamientos y acciones, los cuales producen resultados felices.

350.- Sé que puedo controlar mis pensamientos y sentimientos. Elijo ser feliz y tener pensamientos felices.

351.- Estoy rodeado de gente feliz, estoy contento con ellos.

352.- Recuerdo momentos felices todo el tiempo y es mi elección recordar ser feliz.

353.- Confío en que la vida me trae felicidad todo el tiempo.

354.- Creo pensamientos felices fácilmente, es fácil para mí ser feliz, enfocándome en pensamientos felices y viendo sólo felicidad a mi alrededor.

355.- Al yo ser feliz contribuyo a que otras personas sean felices y eso trae felicidad a mi alrededor.

356.- Cada día es más y más fácil ser feliz.

357.- Ahora sé que soy el creador de la forma en que mi vida sucede y elijo crear momentos felices, ahora y siempre.

358.- Atraigo la felicidad y gente feliz a mi vida todos los días.

359.- La Navidad trae felicidad a mi corazón.

360.- Los dones materiales también traen felicidad a mi vida.

361.- La gente amorosa me rodea todo el tiempo y eso me hace feliz.

362.- El saber que todo tiene un comienzo y un fin, me hace entender que todo debe pasar, acepto con alegría y felicidad que todo tiene un principio y un fin. Los finales también son comienzos felices.

363.- Mi corazón está lleno de gratitud y eso me hace feliz.

364.- El fin no significa tristeza, fin significa sólo un cambio y ese cambio es para mejorar y me hace feliz.

365.- Mi único propósito en la vida es ser feliz. Sé que soy feliz ahora.

Un regalo para ti. Cuando necesites más afirmaciones para la felicidad en tu vida, puedes ir a las siguientes páginas en internet:

http://www.proverbia.net/citastema.asp?tematica=4

http://www.citasyproverbios.com/citas.aspx?tema=Felicidad

https://www.google.com/search?q=happiness+quotes&biw=1777&bih=861&tbm=isch&tbo=u&source=univ&sa=X&sqi=2&ved=0CDAQsARqFQoTCOq53MX9i8cCFQsWkgodLt4HPA&dpr=0.9

http://www.elespectador.com/noticias/actualidad/diez-frases-celebres-sobre-felicidad-articulo-411471

http://www.lifeder.com/frases-de-felicidad/

http://www.mundifrases.com/frases-celebres/frases/felicidad-e-infelicidad/

http://www.pensamientos.org/pensamientosfelicidad.htm

https://norfipc.com/amor/imagenes-con-frases-celebres-sobre-la-vida-felicidad.php

http://www.lifehack.org/articles/communication/20-motivational-quotes-about-life-lead-to-true-happiness.html

http://boardofwisdom.com/togo/?viewid=1005&listname=Happiness#.Vb7kn_lViko

http://examinedexistence.com/130-inspirational-quotes-for-finding-happiness-success-love-and-the-meaning-of-life/

Conclusión

Como puedes ver, tener un estilo de vida feliz y alegre tiene grandes beneficios. Pero la felicidad no sólo sucede, es una cuestión de elección. Al principio será un esfuerzo para mantener tu enfoque en ser feliz, sin embargo, pronto ese esfuerzo se convertirá en un hábito, por lo que la elección de ser feliz será sin esfuerzo. Y entonces habrás logrado la felicidad, constante y eficaz, que traerá a tu vida muchos beneficios de salud y alegría. El ser feliz también te traerá nuevas y mejores relaciones llenas de abundancia, que vendrán a ti sin ningún esfuerzo adicional. Tienes que elegir tus pensamientos, así como un jardinero elige las semillas para su jardín. Luego debes regar tus semillas con gratitud, alegría y aprecio por todo lo que está sucediendo en tu vida.

Epílogo

Autor
Desconocido

"La Felicidad es:

1. Enamorarse
2. Reír tan fuerte que te duela la cara
3. Una ducha caliente
4. No encontrar líneas en el supermercado
5. Una mirada especial
6. Recibir cartas
7. Salir a caminar en un buen camino
8. Escuchar tu canción favorita
9. Estar acostado en tu cama escuchando la lluvia
10. Toallas calientes recién salidas de la secadora
11. Un licuado de chocolate, vainilla o fresa
12. Un baño de burbujas
13. Reír
14. Una buena conversación
15. La playa
16. Encontrar un billete en tu abrigo del invierno pasado
17. Reírte de ti mismo
18. Tener contacto visual con una persona del sexo opuesto que te atraiga
19. Llamadas telefónicas de medianoche que duran horas

20. Correr entre el jardín cuando se está regando con agua
21. Reír sin ninguna razón en absoluto
22. Que alguien te diga que eres hermosa(o) o guapa(o)
23. Reírte solo
24. Tener amigos
25. Escuchar accidentalmente a alguien decir algo agradable de ti
26. Despertarte y darte cuenta de que aún te quedan unas horas para dormir
27. Tu primer beso (ya sea el primero o con un nuevo compañero)
28. Hacer nuevos amigos o pasar tiempo con los viejos
29. Jugar con un nuevo cachorro
30. Que alguien juegue con tu cabello
31. Dulces sueños
32. El chocolate caliente
33. Viajes por carretera con amigos
34. Columpiarte
35. Hacer contacto visual con alguien extraño
36. Hacer galletas de chocolate y comerlas...
37. Que tus amigos te envíen galletas caseras
38. Ir de la mano con alguien que estimas
39. Encontrarse a un viejo amigo y darse cuenta de que algunas cosas (buenas o malas) nunca cambian
40. Mirar la expresión en la cara de alguien mientras abren un regalo que les has dado
41. Mirar el amanecer
42. Salir de la cama cada mañana y estar agradecido por otro hermoso día
43. Saber que alguien te extraña
44. Obtener un abrazo de alguien que te importa profundamente
45. Saber que has hecho lo correcto, no importa lo que piensen los demás

> *Un hombre se presentó ante Buda y le dijo: "Yo quiero la felicidad".*
>
> *Buda le respondió:*
>
> *"Primero quita el yo, eso es ego.*
>
> *A continuación elimina el quiero, eso es deseo.*
>
> *Ahora puedes ver que sólo queda la "Felicidad".*
>
> *Autor desconocido*

Rico Ituarte

Federico "Rico" Ituarte nació en 1948 en la Ciudad de México, es el segundo hijo de una pareja de clase media. Su padre, José Federico, era un aspirante a abogado, sin embargo, nunca terminó su carrera. Su padre también aspiraba a ser un artista, incluso llegó a exponer sus obras en al Palacio de las Bellas Artes, en la Ciudad de México, ya que tenía gran capacidad en el dibujo y el arte abstracto moderno. Su madre, Bertha Aurora, fue quien se encargó de la crianza de los tres hijos después de su divorcio. La madre de Rico fue una gran empresaria, comenzó su carrera en ventas, llegando a crear un nuevo negocio que dio servicio a varias agencias gubernamentales. Rico, como le dicen las personas que lo conocen, fue el niño de en medio y quizá por eso ha sido el que ha mediado todos los conflictos entre la familia. Se graduó como Licenciado en Administración de Empresas y trabajó como gerente de negocios en la empresa de su madre hasta que se casó y se mudó a California, en donde tuvo a su primera hija, Azulinda, y más tarde a su hijo, Federico José. Luego regresó a México, al hermoso puerto de Acapulco, donde tuvo éxito como director de varias compañías.

Más tarde se divorció y regresó a California, donde participó como miembro de la junta directiva del Center for

Spiritual Living. Rico también se ha dedicado al estudio de la mayoría de las religiones del mundo.

Desde niño, Rico comenzó su búsqueda de la felicidad creando una vida de libertad y alegría. Hoy en día se dedica a ayudar a la comunidad latina, participando como facilitador de varios seminarios de auto-superación. Su pasión es ayudar a la gente a reconocer su máximo potencial y que lleguen a ser todo lo que pueden ser.

Puedes seguir al autor en las páginas siguientes:

https://www.facebook.com/BE.CAUSE.OF.HAPPINESS/

Blog:
www.ywy-tcm.com

Fuentes

- Ackerman, Kenneth J, Ph.D. "The Universal People." (May 13, 2009) http://www.udel.edu/anthro/ackerman/universal_people.pdf
- DataFace. "Facial Expression: A Primary Communication System." (May 14, 2009)http://www.face-and-emotion.com/dataface/expression/expression.jsp
- Devlin, Kate. "Missing facial muscles make some look glum." The Daily Telegraph. June 17, 2008. http://www.telegraph.co.uk/scienceandtechnology/science/sciencenews/3344681/Missing-facial-muscles-make-some-look-glum.html
- Ekman, Paul; et al. "Final Report To NSF of the Planning Workshop on Facial Expression Understanding." Aug. 1, 1992.http://www.face-and-emotion.com/dataface/nsfrept/nsf_contents.html
- Foreman, Judy. "A Conversation with: Paul Ekman; The 43 Facial Muscles That Reveal Even the Most Fleeting Emotions." The New York Times. Aug. 5, 2003. http://www.nytimes.com/2003/08/05/health/conversation-with-paul-ekman-43-facial-muscles-that-reveal-even-most-fleeting.html
- Lewis, Michael. Handbook of emotions (second edition). Guilford Press, 2004. ISBN 1593850298, 9781593850296.http://books.google.com/books?id=SQ8F7zdhORwC&printsec=frontcover#PPA236,M1

- Nicolay, Christopher W., Ph.D. Associate Professor, UNCA Department of Biology. E-mail correspondence. May 14, 2009.
- Patel, Alpen A., MD. "Facial Nerve Anatomy." Mar. 18, 2009. http://emedicine.medscape.com/article/835286-overview)